Königs Erläuterungen und Materialien
Band 332

Erläuterungen zu

William Golding

Herr der Fliegen
(Lord of the Flies)

von Edgar Neis

C. Bange Verlag – Hollfeld

Herausgegeben von Klaus Bahners, Gerd Eversberg
und Reiner Poppe

Hinweis der Herausgeber:

Die Rechtschreibung wurde der amtlichen Neuregelung angepasst.
Zitate wurden in der alten Schreibweise übernommen!

8. überarbeitete Auflage 1997

ISBN 3-8044-0420-0

Printed in Germany

INHALT

VORBEMERKUNG ZUR NEUAUFLAGE

Inzwischen ist **William Golding** tot, einer der letzten aus der Generation der großen, alten Männer der angelsächsischen Literatur. Sein erster Roman "Lord of Flies" aber lebt – er ist ein Klassiker der Weltliteratur. Zugleich ist dieser Roman so etwas wie ein Vermächtnis des Autors: ein Aufruf gegen die Gewalt, gegen den Terror, gegen den Untergang des Geistes, gegen den Verfall von Kultur und Sitte. Es fiel **William Golding** nach den Erfahrungen des 2. Weltkrieges schwer, an das Gute im Menschen zu glauben, seiner moralischen Kraft zu vertrauen. Dies spiegelt der Roman deutlich wider. – Umso dringender ist aber der an die Welt gerichtete Appell des Autors, um die Werte zu kämpfen, die den Menschen vom Tier unterscheiden. Wir müssen darum kämpfen, sie uns jeden Tag neu erringen, das Böse in uns und um uns herum besiegen. Dazu müssen wir jeden Tag antreten; diesen Kampf müssen wir jeden Tag neu aufnehmen und aushalten, um nicht so zu enden wie die Jungen auf der Insel.

Nach wie vor ist dieser Roman eine wirkliche Herausforderung auch für Schüler und Lehrer im Unterricht, Schüler und Schülerinnen sollten ihn nicht nur „lesen"; sie sollten darüber sprechen, dazu Nachlesenswertes schreiben, darüberhinaus die eigenen Empfindungen und Wahrnehmungen in und mit anderen Ausdrucksmöglichkeiten schöpferisch gestalten.[1]

Keine unverbindliche Lektüre also!

Dieser **Erläuterungs-** und **Materialienband** versteht sich als Arbeitshilfe und setzt voraus, daß der Roman gründlich gelesen worden ist. Anregungen zur weiteren Auseinandersetzung mit **William Golding** und seinem Werk, zum Einarbeiten in Fragen und Probleme, die der Roman thematisiert, zu weiter ausgreifender und ergänzender Lektüre stellen die Kapitel 3 und 4 bereit. – Die Literaturauswahl will dem Leser eine vertiefende Nacharbeit ermöglichen. Dabei wird er speziellere

---

1 Vgl. dazu Analysen und Reflexionen Band 74, Hollfeld 1993, S. 64–71, insbesondere S. 68/70 mit Anregungen zur schöpferischen Arbeit.

englischsprachige Literatur nur über eine Universitäts- oder Institutsbücherei beziehen können. Über den Buchhandel zugänglich sind in aller Regel die erläuternden Reihen **Cliffs, Monarch** und **York Notes** ebenso wie die deutschsprachigen Reihen von **Klett** oder **Diesterweg.** Als zusätzliche erste englischsprachige Erläuterung empfehle ich demjenigen, der sich einlesen möchte, die **Klett-Lektürehilfen** von **W. Meitke.** Die auch dort aufgezeigte Verflechtung von zentralen Themen ist für unsere **Erläuterungen** und **Materialien** bestimmend:[2]

- Zivilisationsbedürfnis (Gesetze, Regeln)
- Verlust der Identität und Unschuld
- Gewalten und asymetrische Kräftefelder (physische, politische, geistige)
- Ängste, Phobien
- Gleichgültigkeit der Natur gegenüber allen Ereignissen
- Sehendsein und Blindsein des Menschen

Die eingeblendeten Grafiken und Schaubilder (vgl. Kapitel 2.4 und 2.5) wollen anstoßen, eigene Formen der Veranschaulichung von Themen, Zusammenhängen und Strukturen zu erproben. In diesem Sinne betrachte der Leser diesen Band der **Erläuterungen** und **Materialien** nicht als ein Angebot, mit dem er Arbeit vermeiden kann, sondern im Gegenteil als eine Quelle, die helfen möchte, das eigene fortschreitende Arbeiten zu lenken und zu strukturieren.

Reiner Poppe

2 Die Erläuterungen in den folgenden Kapiteln sind an diesen Stichwörtern orientiert, ohne ihnen jedoch in gleichlautenden Überschriften zu folgen.

Homo homini lupus.

Plautus

Anyone who is not understanding
that man produces evil as a bee produces
honey, must be blind or wrong
in his head.

William Golding

1. DER SCHRIFTSTELLER WILLIAM GOLDING

1.1 Zu Leben und Werk

William Golding wurde 1911 in Columb Minor, Cornwall, Südwestengland, geboren. Seine Eltern hatten den Wunsch, ihn zu einem Naturwissenschaftler zu machen. Nach dem Besuch des Gymnasiums bezog er die Universität Oxford, wandte sich aber unter dem Einfluss des dortigen literarischen Lebens dem Studium der Literatur zu; sein Interesse galt insbesondere der angelsächsischen und altenglischen Literatur. Einige Jahre vor dem Ausbruch des Zweiten Weltkrieges publizierte er einen Band mit Gedichten (1934), meldete sich aber bei Kriegsausbruch zum Dienst bei der englischen Marine. Er nahm an mehreren Seegefechten gegen deutsche Schlachtschiffe, Panzerkreuzer und Unterseeboote teil; bei Kriegsende war er Kommandant eines Raketenschiffs. Mehrere Jahre lebte er in den Vereinigten Staaten, in Virginia.

Nach dem Krieg wandte er sich dem Lehrberuf zu und war als Lehrer für klassische und englische Literatur bis 1960 tätig; dann zog er sich als freier Schriftsteller in seine Heimat, nach Südwestengland zurück.

Gleich sein erstes Prosawerk, der 1954 veröffentlichte Roman "Lord of the Flies" (dt. „Herr der Fliegen“) machte **William Golding** weltberühmt. Der Grund hierfür war die durch die Schrecknisse des Krieges und der Nachkriegszeit aufgewühlte Stimmung der Bevölkerung, der die Grausamkeiten der vergangenen Jahre noch lebhaft im Gedächtnis waren und die in dem Roman das Spiegelbild einer gesetzlosen, von blutrünstigen Urinstinkten gelenkten Gemeinschaft erblickte. Erinnerungen an die Mordtaten der Stalin- und Hitlerepochen spielten ebenso mit wie die Frage nach den Möglichkeiten einer echten Demokratie.[3]

---

3 Die Herrschaftssysteme dieser beiden Diktatoren bildeten exakt das Gegenteil angelsächsischer Demokratieerfahrung und -verständnisses ab, so dass **Golding** die historischen „Vorbilder“ unmittelbar vor Augen hatte.

Ein Jahr nach "Lord of the Flies" veröffentlichte **Golding** den Roman "The Inheritors" (dt. „Die Erben"), der von der langsamen Ausrottung der Neandertalrasse durch einen Volksstamm handelt, welcher einen höheren Grad der Entwicklung erreicht hat. Angeregt zu diesem Werk wurde der Autor durch zahlreiche Ausgrabungen von Neandertalskeletten in seiner südenglischen Heimat, und weil er auf den Pfaden, auf denen, wie er sagt, die alten Neandertaler einst umhersprangen, nun seine Sonntagsspaziergänge unternahm.

1956 folgte der Roman "Pincher Martin" (dt. „Der Felsen des zweiten Todes"), der in gewisser Weise die Thematik von "Lord of the Flies" wiederaufnahm. Es ist ein Rechenschaftsbericht, den sich ein schiffbrüchiger und auf einem einsamen, unbewohnten Felsen im Meer hausender Schiffsoffizier selbst gibt; vor seinem unvermeidlichen Tod auf diesem Felsen überdenkt er seine Vergangenheit, sein bisheriges Leben und bereut seine Egozentrik und Selbstsucht.

1958, zwei Jahre nach "Pincher Martin" folgte **Goldings** bisher einziges Bühnenstück "The Brass Butterfly" (dt. „Der Schmetterling aus Messing"). Mit Shawscher Ironie zeichnete er darin das Bild eines Erfinders des 3. Jahrhunderts n. Chr., der ein Dampfschiff, einen Schnellkochtopf und eine Druckerpresse erfindet. Der ältliche römische Kaiser, der mehr am Erhalt des Friedens und am Glück seiner Untertanen interessiert ist als an technischen Erfindungen, die nur den Zusammenbruch seines an sich schon morschen Reiches beschleunigen, verbietet dem Erfinder weitere Erfindungen. Nur der Schnellkochtopf findet in den Augen des alten Gourmets Gnade. Er sieht voraus, dass die Druckerpresse missbraucht werden wird; sie wird zu polemischer Agitation, demagogischer Beeinflussung der Bevölkerung, politischer Indoktrination und anderem benutzt werden und Druckerzeugnisse über Druckerzeugnisse auswerfen. Neuerdachte und wirkungsvollere Waffen und Kriegsinstrumente weist der Kaiser ebenso zurück wie Swifts Herr der Riesen, der Gulliver versichert, dass derjenige, dem es gelingt, zwei Grashalme dort wachsen zu lassen, wo bisher nur ein Grashalm wuchs, mehr für die Menschheit tut als der, welcher größere und bessere Kanonen baut. Für einen Leser ist das Stück deswegen von Interesse, weil es denselben Hass gegen Unvernunft, Gewaltanwendung und Vermassung injiziert wie **Goldings** Roman „ Herr der Fliegen“.

1959 veröffentlichte **Golding** den Roman “The Free Fall” (dt. „ Freier Fall“), der das Thema von “Pincher Martin” wiederholte. Der vereinsamte und über sich selber reflektierende Held des Buches verbringt sein Leben aber nicht wie Pincher Martin auf einer einsamen Felseninsel im Meer, sondern in nicht geringerer Isolation, in einem Kriegsgefangenenlager. Der Roman schildert die Preisgabe des freien Willens eines Menschen, seine Resignation, die mehr durch eigene Schwäche als durch äußeren Druck hervorgerufen wird. **Goldings** bedeutendstes Werk seit “Lord of the Flies” ist der 1964 erschienene Roman “The Spire” (dt. „Der Turm der Kathedrale“). Er spielt im Mittelalter. Pfarrer Jocelin will einer Vision zufolge seiner Kathedrale – gemeint ist die in Sallsbury – einen hohen, spitzen Kirchturm hinzufügen, der, ein Finger Gottes, zum Himmel weisen soll. Alles wird der Vollendung dieses Vorhabens untergeordnet. Er übersieht dabei das nachlässige Verhalten der Arbeitsleute, er gibt vor zu glauben, dass der alte Küster davongelaufen sei, obwohl er genau weiß, dass er ermordet und von dem abergläubischen Steinmetz eingemauert worden ist – ein mittelalterliches Ritual, demzufolge etwas Lebendiges geopfert und in einen Bau eingefügt werden muss, damit er allen Bedrohungen standhält. Der Baumeister selbst will seinen Auftrag zurückgeben und den Bau einer jungen, verheirateten Frau wegen verlassen. Jocelin weiß, dass der Baumeister unersetzbar ist und zwingt ihn zu bleiben. Die junge Frau stirbt im Kindbett, und alle Schuld scheint Jocelin zu treffen. Er scheut sich nicht, ungutes Geld für sein Vorhaben des Turmbaus anzunehmen, während er zugleich den Geber dieses Geldes verurteilt und als Sünder mit Buße belegt.

Schließlich stirbt Jocelin aus Verzweiflung wegen der widrigen Umstände, die sich dem Turmbau entgegenstellen. Nichtsdestoweniger wird der Turm errichtet, doch weiß man, dass die Fundamente nicht fest genug gegründet sind, so dass man einen Zusammensturz befürchten muss.

Jocelins Vision kam nicht vom Himmel, sein Plan war ein Ausdruck seines Stolzes, seiner Überheblichkeit und seines Hochmuts. Die Anklänge an die biblische Erzählung vom Bau des Turmes zu Babel, der zum Himmel reichen und die Menschen gottgleich machen sollte, sind nicht zu überhören.

1967 erschien **Goldings** Roman "The Pyramid" (dt. „ Die Pyramide"), eine Erzählung, die Klassenunterschiede verschiedener Gesellschaftsschichten einander gegenüberstellt und – wie in anderen Romanen – die Selbstbewußtheit und Eigennützigkeit eines Mannes zur Schau stellt, der seine erfolgreiche Managerlaufbahn rücksichtslos auf die Schwäche einer ihm hörigen, pathologischen Frau aufbaut und sie gewissenlos als Mittel zum Zweck benutzt.

Die Lehre, die **Goldings** Roman "The Pyramid" uns erteilt, ist die Erkenntnis, dass die Menschen nicht nur Gefangene ihrer eigenen Klasse, Altersgruppe oder Konventionen sind, sondern dass sie diese Einengungen auch gerne als schützende Wälle betrachten, die sie so sehr oder noch mehr schützen als die Wälle eines Gefängnisses. Der Autor behauptet, dass selbst in dem Zeitalter der Raumfahrt und der Atomphysik der Mensch moralisch und intellektuell in seiner Handlungsfreiheit beschränkt ist und dass er mehr denn je die Bitte des Vaterunsers äußern muss: „Und führe uns nicht in Versuchung."

Eine 1965 veröffentlichte Essaysammlung trägt den Titel "The Hot Gates". In "The Hot Gates", die Selbstbekenntnisse und autobiographische Notizen des Autors enthalten, bekennt **Golding:** „Ich bin von Natur aus ein Optimist; aber eine unzureichende (defekte) Logik – oder eine Logik, von der ich manchmal voller Verzweiflung hoffe, daß sie unzureichend (defekt) ist – macht mich zu einem Pessimisten."

1972 folgt der Roman "Oliver".

In den 80er Jahren reiste **Golding** viel, im Boot auf den holländischen Kanälen, auf der Nord- und Ostsee. In den 70er Jahren veröffentlichte er wenig. Erst Ende des Jahrzehnts überraschte er die Welt wieder mit so wichtigen Büchern wie **Darkness Visible** (1979), **Rites of Passage** (1980), **The Paper Men** (1984). Die Auszeichnung mit dem **Nobel-**

preis 1983 kam für viele dennoch überraschend, wurde **Golding** trotz seiner Erfolge doch eher in die Kategorie der "minor authors" gesteckt, jener Autoren also, die zwar interessant und unterhaltsam, jedoch keine „Weltliteratur" schreiben. Immerhin gab diese höchste literarische Auszeichnung die einem Autoren zugesprochen werden kann, all jenen Recht, die in seinem Werk schon immer mehr als nur aufgeblähten Vitalismus gesehen hatten, mehr als nur gewichtige Unterhaltung. **1985** veröffentlichte **Golding** den Ertrag einer langen geplanten Ägypten-Reise in seinem **Egyptian Journal.**

Will man in gedrängter Form verdeutlichen, was **Golding** inspirierte, so müsste man in engster Zusammengehörigkeit für die Schärfung seines Welt- und Menschenbildes **Ägypten, das klassische (griechische) Altertum, die Kathedralen seines Landes und die anderer Länder** nennen, die zu den Ursprüngen des Menschenseins führen, dazu seinen Glauben an die göttliche Existenz und die Sorge, dass der Mensch sich allzu weit davon entfernt haben könnte, ferner eine Reihe von Schriftstellern, die sein Schreiben, seine Philosophie und seine Ästhetik entscheidend geprägt haben: **Tennyson, Dickens, T.S. Eliot, Steinbeck.**[4]

Wie gesagt: **Goldings** Roman aus dem Jahre 1954 steht im Schaffen des Autors singulär dar. Wohl lässt sich eine Wiederholung von Themen und Problemstellungen in den nachfolgenden Werken feststellen, aber ebenso wie in **Lord of the Flies** sind sie einem bereits zuvor geformten Welt- und Menschenbild zuzuordnen, das lediglich Ergänzungen und Variationen zulässt. Singulär ist der Roman aus dem Jahre 1954 insoweit, als in ihm **Philosophie** und **künstlerische Bewältigung** auf wirklich einmalige Weise zusammenwirken.

---

4 Auffallend ist, daß **Golding** seinen amerikanischen Schriftsteller-Kollegen **John Steinbeck,** ebenfalls Nobelpreisträger, sehr schätzte, der von der Kritik und Literaturgeschichte auch eher den „minor authors" zugerechnet wird. – Vgl. dazu auch den Band 350 der Reihe **Königs Erläuterungen und Materialien.**

Golding hat seinen Weg gefunden; er ist seinem Ziel, zu einer vollkommeneren Daseinsauffassung zu gelangen, nähergekommen. Der hier zur Diskussion stehende Roman ist mehr als nur eine spannende Utopie, auch mehr als nur intellektuelle Spielerei mit den (Un-)Möglichkeiten des Lebens und der menschlichen Existenz.

Sir William – inzwischen war er geadelt worden – starb am 19. Juni 1993 in Falmouth, Cornwall.

1.2 Übersicht[5]: Bibliographische Daten

Jahr	Romane	Erzählungen	Essays	Theater	Gedichte
1934					Poems
1954	Lord of the Flies				
1955	The Inheritors				
1956	Pincher Martin				
1957			Sometime, Never: Three Tales of the Imagination		
1958				The Brass Butterfluy	
1959	Free Fall				
1960				Miss Pulkinhorn	
1964	The Spire				
1965			The Hot Gates and Other Occasional Pieces		
1967	The Pyramid				
1971		The Scorpian God			
1979	Darkness Visible				
1980	Rites of Passage				
1982			A Moving Target		
1984	The Paper Men				
1985			An Egyptian Journal		
1987	Close Quarters				
1989	Fire Down Below				

5 Diese Übersicht beschränkt sich auf die Hauptwerke des Autors. Sie gibt zu erkennen, dass **Golding** hauptsächlich „Romancier" war.

2. „HERR DER FLIEGEN"

2.1 Abriss des Inhalts[6]

(Kapitel I–XII)

I.

DER RUF DES MUSCHELHORNS

Eine Gruppe englischer Schuljungen wird infolge eines Flugzeugunfalls auf ein Korallenriff im Pazifik verschlagen. Alle Erwachsenen sind bei dem Unfall ums Leben gekommen, und so sind die Halbwüchsigen auf der völlig unbewohnten Insel auf sich selbst gestellt.

Zunächst treffen in dem wirren, undurchdringlichen Dschungeldickicht ein großer blondhaariger und ein kleiner dicker Junge zusammen. Der Blondhaarige, Ralph mit Namen, „war zwölf Jahre und einige Monate alt, und er hatte nicht mehr den vorgewölbten Bauch eines Kindes, aber auch noch nicht die linkische Haltung eines Jünglings. Seine breiten, kräftigen Schultern hätten die eines künftigen Boxers sein können, aber seine Augen und ein Zug um seinen Mund sprachen von Empfindsamkeit, die der brutalen Gewalt abhold war."

Der kleine Dicke dagegen, unbeholfen und asthmatisch, durch stark vorgewölbte Brillengläser schauend, bekennt, dass man ihn in der Schule Piggy, Schweinchen, gerufen hat, was Ralph zu einem Lachausbruch veranlasste.

Beide Jungen streifen umher, entdecken eine Lagune, erfrischen sich darin, gewinnen schließlich die Gewissheit, dass sie auf einer Insel sich befinden.

Im farnigen Tang der Lagune finden sie eine große Muschel.

---

6 Angabe der Seitenzahlen nach der Fischer-Taschenbuchausgabe Nr. 1 462, Frankfurt/M. 1990.

Ralph bläst die Muschel, der ein dröhnender Ton, dann ein schrilles Schmettern entfährt, das man meilenweit hören kann. Und schon nähert sich, vom Ruf des Muschelhorns angelockt, ein stämmiger, blondhaariger Junge von ungefähr sechs Jahren, Johnny mit Namen. Kurz darauf erscheinen drei kleine Jungen, nicht älter als Johnny, und ein kleiner Dunkelhaariger.

Und wieder nähern sich zwei Gestalten, Zwillinge, wie es sich herausstellt, Sam und Eric mit Namen.

Dann aber erscheint eine ganze Gruppe von Jungen, „die in Zweierreihen, mühsam Gleichschritt haltend, heranmaschierte".

Die uniformierte Überlegenheit und die Autorität des Anführers der Bemäntelten schüchtern Ralph und Piggy ein. Der Anführer namens Jack gibt sich als Merridew zu erkennen, auch die Namen der anderen werden festgestellt: Maurice, Bill, Robert, Henry, Roger und Simon. Ralph schlägt vor, einen Anführer für alle zu wählen. Merridew-Jack erhebt Anspruch auf diesen Posten, aber eine Abstimmung ergibt eine Mehrheit für Ralph, der somit Anführer wird, was Jack mit Unmut zur Kenntnis nimmt. Jack erklärt, dass seine Gruppe als Jäger fungieren will. Dann zieht er mit Ralph und Simon aus, um die Insel näher zu erkunden. Sie geraten auf einen Berggipfel, von dem aus sie erkennen, dass sie sich tatsächlich auf einer Insel, einem Korallenriff befinden. Jack, der einen Dolch bei sich hat, versäumt es, ein Ferkel, das sich in dem Schlingenteppich verfangen hat, zu töten. –

Dann kehren sie zum Versammlungsplatz zurück.

II.

FEUER AUF DEM BERG

Ralph, Jack und Simon berichten an dem Versammlungsplatz Zurückgebliebenen von ihren Erkundungen.

Vorschriften werden erlassen. Wer das Muschelhorn in der Hand hat, darf reden. Furcht und Begeisterung gehen durcheinander.

Mit Hilfe von Piggys Brille als Brennglas entzündet man oben auf dem Berg ein Feuer, das weit um sich greift, aber keinen Rauch entwickelt. Alle rennen durcheinander, jeder kommandiert, keiner kann das Feuer richtig unterhalten.

Piggy, das Muschelhorn in der Hand, schlägt vor, zunächst Schutzhütten zu bauen. Überrascht stellt man fest, dass einige der Kleinen fehlen. Unsicherheit breitet sich aus.

III.
HÜTTEN AM STRAND

Während Jack sich auf Ferkeljagd begibt, versuchen Ralph und Simon notdürftige Unterkünfte aus Palmstämmen und Blättern zu errichten. Sie beschweren sich darüber, daß sie ganz alleine arbeiten müssen, alle anderen „hauen ab“, baden, essen oder spielen. Als Jack auftaucht, bittet Ralph: „ Du hilfst mir doch bei der Hütte, was?“ Seine Aufforderung hätte beiläufig klingen können, wäre nicht der Unterton gewesen. Die Kontroverse bricht auf.

IV.
BEMALTE GESICHTER UND LANGES HAAR

Während Jack und seine Jäger ihre Gesichter mit einem Tarnanstrich versehen und dann auf die Jagd gehen, mit ihren dichten Mähnen wie furchterweckende Fremdlinge aussehend, bemerken die Zurückgebliebenen, Ralph, Piggy und Simon in höchster Erregung Rauch an der straffen Linie des Horizonts.

Voller Verzweiflung erstürmt Ralph die Spitze des Berges, während Piggy und Simon ihm langsam folgen. Oben angekommen, entdecken sie das Furchtbare: Das Feuer war tot.

In diesem Augenblick taucht eine seltsame Prozession tief unten zwischen den Geröllhalden am Uferrand auf: es sind Jäger unter Anführung des großen rothaarigen Jack.

Jack berichtet stolz, dass die das Schwein umzingelt und er es getötet habe, dass er die als Wächter des Feuers bestellten Zwillinge für die Jagd gebraucht habe, muss sich aber von Ralph den Vorwurf anhören.

Als Piggy sich einmischt und Ralphs Partei ergreift, schlägt Jack ihn zu Boden; dabei zerbricht ein Brillenglas von Piggys Brille, so dass er nur noch mit einem Auge sehen kann. Obwohl Jack sich überwindet und um Verzeihung bittet, obwohl mit Piggys einem Brillenglas das Feuer neu angezündet wird, obwohl das Schwein mühsam gebraten und das noch halbrohe Fleisch an die Hungrigen verteilt wird, schwelen Zorn und Hass über der Gemeinschaft der Jungen. Nur der Hunger führt sie wieder zusammen. Jacks Bericht von dem Fang und dem Abstechen des Schweines löst eine Ekstase aus; ein Junge, Maurice, stellt das Schwein dar, rennt quiekend in die Mitte der Jäger, die so tun, als schlügen sie auf ihn ein, wobei sie singen: „Stecht das Schwein! Macht es tot! Kurz und klein!“ Angewidert wendet Ralph sich ab und erklärt mit dem Muschelhorn unten auf der Plattform eine Versammlung einberufen zu wollen.

V.
TIER AUS DEM WASSER

Dann detailliert Ralph seine Vorwürfe und Anordungen:[7]

1. Niemand soll aus dem Fluss Wasser trinken, sondern aus den mit Wasser aus dem Fluss gefüllten Kokosschalen. Es ist versäumt worden, die Kokosschalen mit Wasser zu füllen.

2. Die Hütten sind nur von wenigen erbaut worden. Aber alle schlafen darin. Deshalb müssen sie instand gehalten werden. Die Hütten werden gebraucht.

3. Niemand soll seine Bedürfnisse „überall und irgendwo“ verrichten. Das sei eine Schweinerei. Der Ort für die Toilette ist der Felsen über dem Tümpel drüben, weil die Flut dort alles wieder sauber macht.

---

7 Mit diesen klaren Vorgaben erscheint Ralph auf den ersten Blick durchaus „autoritär“. Seine Vorstellungen von dem, was sein müsste, haben aber das Wohl jedes einzelnen in der Gemeinschaft zum Ziel, und er kämpft um ihr Verständnis. Darin unterscheidet er sich grundlegend von seinem Antipoden Jack.

4. Das Feuer oben auf dem Berg ist das Wichtigste. Sie können alle nicht gerettet werden, wenn sie nicht das Feuer unterhielten. Das Feuer dürfte nicht ausgehen, es sei wichtiger als die Jagd, wichtiger als Essen.

5. Es soll nur noch auf dem Berg Feuer gemacht werden und nicht anderswo, um jede Verzettelung zu vermeiden.

6. Vor allem gilt es, das Gefühl der Angst zu verbannen. Es gibt weder Gespenster noch wilde Tiere auf der Insel. Alle derartigen Gedanken seien abwegig und ausgesprochener Quatsch. Es seien höchstens Alpträume und weiter nichts. Man solle auch keine Gräuelmärchen aufbringen und alle dadurch verunsichern und verängstigen.

Aber die Angst, besonders der Kleinen, lässt sich nicht unterdrücken. Ein Kleiner namens Phil behauptet, in der Nacht außerhalb der Hütte gewesen zu sein und etwas Großes, Schreckliches gesehen zu haben. Ein anderer Kleiner, Percival mit Namen, behauptet mit tränenerstickter Stimme, dass ein wildes Tier aus dem Meer käme.

Simon, das Muschelhorn in der Hand, spricht den Gedanken aus, daß es vielleicht doch ein wildes Tier gäbe, dass sie vielleicht selbst dieses wilde Tier wären.

Seine Worte gehen jedoch im allgemeinen Geschrei unter, zumal jetzt plötzlich die Rede auf Geister kommt. Verzweifelt versucht Ralph die sich in Auflösung befindliche und wie vom Wind geschüttelte Versammlung zur Ordnung zu rufen und an die ursprünglich gefassten Bestimmungen zu erinnern. Als auch Jack Ralph angreift und erklärt, auf die Bestimmungen zu pfeifen, löst sich die Versammlung völlig auf.

Piggy, Simon und Ralph bleiben zurück und sehen düster in die Zukunft.

VI.

TIER AUS DER LUFT

Als erstes bemerkten die zur Bewachung des Feuers bestellten Zwillinge Sam und Eric die an dem Fallschirm hängende Gestalt. Sie packten einander am Arm – vier starre Augen und zwei weitaufgerissene Münder. Dann stürzen sie voller Entsetzen über die Felsen den Berg hinab.

Im Lager berichten sie von ihrem Erlebnis, erwecken Neugier, Angst und – bei den Jägern – Jagdlust. Zwischen Ralph und Jack brechen wieder Gegensätze auf. Die Krise schwelt. Ralph denkt an das Feuer, will auf den Berg, um nachzusehen, was los ist; Jack denkt nur an die Jagd und die Befriedigung seiner eigenwilligen Gelüste.

VII.

SCHATTEN UND HOHE BÄUME

Eine Eberjagd findet statt, an der sich auch Ralph beteiligt. Er empfindet sogar einen gewissen Jägerstolz, weil es ihm gelingt, den flüchtenden Eber mit seinem Speer zu treffen und zu verwunden. Aber der Eber entkommt, und man übt das Spiel des Schweinestechens ekstatisch an einem der Jungen, an Robert. Die rauschhafte Grausamkeit der Jungen offenbart sich in diesem makaberen Spiel. Jack will das Tier oben auf dem Berg totschlagen, aber niemand traut sich, den Weg zum Gipfel anzutreten. Immer wieder lähmt die Angst jede Entschlusskraft. Schließlich entschließen sich Ralph, Jack und Roger, den Berg zu erklimmen und nach dem Untier zu fahnden.

Sie kriechen weiter, bis die Angst sie lähmt: „Vor ihnen saß etwas, das wie ein großer Affe aussah, und schlief mit dem Kopf zwischen den Knien. Dann brauste der Wind im Wald, es lärmte im Dunkel, und das Untier hob den Kopf und streckte ihnen ein zerstörtes Gesicht entgegen."

Fluchtartig und voller Entsetzen stürzen sie halsbrecherisch den Steilhang hinunter zum Strand und zu den auf der Plattform Wartenden.

VIII.

DER HERR DER FLIEGEN

Jetzt geben auch Ralph und Jack zu, dass sie das Tier gesehen haben; Ralph beklagt, dass man nun kein Feuer mehr auf dem Berg machen kann. Jack behauptet, das Tier gehe jagen und man müsse es töten.

Er bestreitet Ralph die Fähigkeit, Anführer zu sein, will eine Abstimmung gegen ihn erzwingen; als er scheitert, sagt er sich von Ralphs Gruppe los. Die Debatte der Anhänger Ralphs kreist nun ständig um die Frage, was man jetzt tun solle. Man beschließt zunächst, das Feuer nach unten zwischen den Tümpel und die Plattform zu verlegen, damit man nicht mit dem Tier in Berührung komme. Man bemerkt die Abwesenheit Simons und vermutet, dass er auf den Berg gegangen sei.

Jack ernennt sich selbst zum Anführer seiner Jäger, entdeckt eine Schweineherde im Wald und bestimmt ein großes Mutterschwein als Ziel der Jagd. Der Rausch des Tötens ergreift die Jäger: Roger sticht immerzu mit seinem Speer in das Schwein hinein. Jack schwingt sich auf den Rücken des Schweins und rammt sein Messer in das Fleisch, bis ihm das warme Blut über die Hände sprudelt. Er nimmt das Schwein aus; dann schneidet er ihm den Kopf ab, spießt den tropfenden Schweinskopf auf einen Stock, den sie in den Spalt stoßen, so dass der Kopf weithin sichtbar über den Boden schwebt: Opfergabe für das Tier. Dann rennen sie alle so schnell sie können davon.

Während Ralph und Piggy das neuentfachte Feuer auf der Plattform bewachen und nähren, stürzen plötzlich dämonische Gestalten mit weißen und roten und grünen Gesichtern auf sie zu: Jacks Jäger, die das Feuer rauben wollen, um das erbeutete Schwein zu braten. Jack lädt alle zum Mitessen ein und tatsächlich treibt der Hunger und die Gier nach gebratenem Fleisch alle, auch Ralph und Piggy, zu Jacks „Fest“.

Auf seinem Weg zum Berggipfel trifft Simon auf den auf einem Stock aufgespießten Schweinskopf, über dem mit giftigem Summen eine Wolke von Fliegen schwebt.

IX.

TIER, TANZ UND TOD

Simon ist der erste, der das Geheimnis des unheimlichen Tieres auf der Kuppe des Berges zu ergründen versucht und auch tatsächlich erkundet. Oben angekommen, sieht er, wie sich ein unförmiges Ding, vom

Wald hochgehoben, plötzlich auf dem Gipfel hochreckt und auf ihn herabblickt. Simon nimmt seinen ganzen Mut zusammen, kriecht an das Ding heran – und begreift.

Simon möchte sobald als möglich allen anderen, die drunten im Lager versammelt sind, Mitteilung davon machen, dass das Tier harmlos und grauenhaft ist: ein mit dem Fallschirm abgestürzter und bereits verwesender Pilot. Er stürzt den Berg hinab und mitten in das auf der Plattform stattfindende „Fest" hinein, bei dem das erlegte Schwein verzehrt wird. Jack spielt sich mächtig auf, fordert die Jungen auf, in seinen Stamm einzutreten, steht speerschwingend vor dem am Spieß bratenden Schwein und lässt großzügig an alle Fleisch verteilen. Wieder branden zwischen Ralph und Jack Feindseligkeiten auf. Ein aufzuziehendes mächtiges Gewitter mit zuckenden Blitzen und kaum zu ertragenden Donnerschlägen bringt Unruhe in die Versammlung. Die Kleinen beginnen schreiend durcheinanderzurennen, aber in höchster Ekstase und im Rausch seiner Macht ruft Jack seine Jäger zum Tanz auf. Simon wird das Opfer ihres Wahnsinns.

X.
DIE MUSCHEL UND DIE BRILLE

Im Blutrausch ihres Spiels war Simon von den Jungen getötet worden, als er ihnen die Nachricht von der Harmlosigkeit des auf dem Berggipfel entdeckten „Untiers" bringen wollte, das er als einen mit einem Fallschirm abgestürzten und bereits verwesenden Pilotenleichnam erkannt hatte. Erregung und Abscheu kennzeichnen das Gespräch zwischen Ralph und seinem Berater Piggy, der – da ja nun nichts mehr zu tun ist – das ganze als Unfall hinstellen will. Bei den Jägern wird die Situation immer grausamer. Sie stellen Wachen aus, die jeden Ankömmling anrufen und keinen mehr durchlassen, ein Junge namens Wilfred wird von dem „Häuptling" Jack geschlagen, er lässt ihn fesseln; zugleich entwickelt sich Roger in Jacks Bande zu einem ausgesprochenen Folterknecht und genießt die Möglichkeiten willkürlicher Machtausübung.

Ein haßerfüllter Überfall der Jägerbande auf Ralph, Piggy und die Zwillinge Sam und Eric zeigt, dass es keine Verständigungsbereitschaft zwischen den Gruppen gibt. Die Überfallenen werden blutig geschlagen, Eric wird verletzt und Piggy verliert seine bereits zerbrochene Brille, die von Jack entwendet wird. Das Schlimmste aber ist, dass die Jägerbande den vier Jungen das Feuer gestohlen hat. Die Muschel haben sie nicht mitgenommen.

XI.
DIE FELSENBURG

Ralph ergreift die Muschel, die ihm, wie er noch glaubt, Redefreiheit und Befehlsgewalt garantiert, will sich ins Lager der Jäger begeben und Jack Piggys Brille wieder abnehmen. Piggy will ihn begleiten, auch die Zwillinge schließen sich ihm an. Vor der Felsenburg der Jäger angelangt, wird die Gruppe von Roger gestellt.

Von grün und schwarz bemalten Jägern begleitet, tritt Jack Ralph entgegen. Ralph fordert das Feuer und die Brille zurück, nennt Jack einen Dieb und seine Handlung eine Gemeinheit.

Zwischen beiden Jungen kommt es zu einer scharfen Auseinandersetzung, in deren Verlauf die Zwillinge von Jacks Jägern gepackt und gefesselt werden. Dadurch wird Ralphs Zorn noch mehr gesteigert.

Zwischen den beiden beginnt eine furchtbare Schlägerei. Da plötzlich löst Roger von oben her einen Felsen, in der Absicht Ralph zu treffen und zu zermalmen. Während er sich aber retten kann, trifft der herabsausende Felsblock den neben ihm stehenden Piggy, der gerade das Muschelhorn in der Hand hält. Beide zerschellen in der Tiefe.

Während die Zwillinge Sam und Eric mit Speerstichen verletzt und gefoltert werden, fliegen Speere, von Jack und den Seinen geschleudert, Ralph entgegen und verwunden ihn. Unkenntliche Teufelsfratzen beginnen speerschwingend gegen ihn vorzurücken. In panischer Angst wendet er sich zur Flucht.

XII.

DER KRIEGSSCHREI DER JÄGER

Schwer verwundet verkriecht sich Ralph in ein Dickicht, blutend, durstig und hungrig und voll tiefster Verzweiflung.

Müde und vor Schmerzen stöhnend liegt Ralph im Gebüsch. Er darf nicht in Schlaf sinken, denn er muss auf der Hut sein vor dem Stamm, der ihn verfolgen wird. In der Ferne hört er den Stamm seinen Reigen tanzen.

Er bemerkt die Zwillinge, die jetzt zum Stamm gehören und die Felsenburg vor ihm, dem Verfemten, bewachen sollen. Ralph schleicht sich an sie heran. Sie stecken ihm ein Stück Fleisch zu; auf Ralphs Frage, was man mit ihm machen würde, sagen sie, Roger hätte einen Stock an beiden Enden zugespitzt...

Ralph kann sich dies nicht erklären, er weiß nicht, was Roger damit vorhat; aber soviel weiß er, dass ihm eine furchtbare Gefahr droht.

Er sagt den Zwillingen, wo er sich aufhält, versteckt sich wieder im Farn, wird kurz darauf aber gewahr, daß man die Zwillinge erpressen will. Man hat ihren Kontakt zu Ralph belauscht, nun sollen sie sein Versteck verraten. Durch Folterungen bringt man sie zum Reden. Man weiß also, wo Ralph sich aufhält, und nun beginnt die Jagd auf ihn. Er wird wie ein flüchtiges Wild gejagt, wie eins der Inselschweine, die getrieben werden, bis man sie ersticht.

Zunächst löst man wieder einen Felsen, der das Buschwerk, in dem Ralph sich versteckt hält, niederwalzen soll.

Aber das Wild war gesichtet, und nun setzt die letzte Jagd, die Ralph den Tod bringen soll, ein. Er wird erbarmungslos gehetzt und getrieben. Man legt sogar Feuer in das Gehölz; in dem trockenen Buschwerk frisst es sich rasend schnell weiter. Rauch umwallt ihn, kaum weiß er noch, wohin er sich wenden soll. Buchstäblich in letzter Sekunde, als die Jagdmeute ihn doch noch stellt, kommt die für alle unfassbare Rettung. Ein englischer Kreuzer war aufmerksam geworden. Ein weiteres Gemetzel wird verhindert.

Allen kommt nun angesichts der Gegenwart der Erwachsenen zum Bewusstsein, was sie verschuldet haben.

2.2 Sprachliche und sachliche Erläuterungen

William Golding schreibt sehr klar und verständlich. Wenige, möglicherweise nicht geläufige Wörter und Wendungen erschließen sich dem Leser mühelos aus dem Kontext.

Wir halten es jedoch weiterhin für sinnvoll, dem (jugendlichen) Leser einzelne Wörter zu erklären und auf diese Weise seinen passiven (– partiell auch aktiven –) Wortschatz zu erweitern. Zu dem Roman „Herr der Fliegen" beschränken wir die Erklärungen auf solche Wörter, die aufgrund ihrer fremdsprachlichen Herkunft und unterschiedlichen Verwendung im Alltag jüngerer Leser möglicherweise nicht bekannt sind.

Amazone: nach der griechischen Mythologie Angehörige eines kriegerischen Frauenvolkes in Kleinasien. Heute benutzt für aktive Reiterinnen; teilweise bewundernd auch für Frauen, die sich „kämpferisch" durchsetzen können.

Areal: begrenzte Fläche; Territorium. – In der Geometrie benutzt bei Flächenberechnungen (A=...).

Bastion: ital. bastione: Schutzmauer, Befestigung, Bollwerk; auch im übertragenen Sinne.

Chatham: Stadt östlich London am Fluß Medway; bekannt durch den englischen Schriftsteller **Charles Dickens** (1812-1870), der in Ch. aufwuchs; bildet mit Rochester eine zusammenhängende Stadt.

Dartmoor: berühmtes Heide- und Moorgebiet im Südwesten Englands (Nationalpark); gelegen im Städteviereck Plymouth – Torquay – Exeter – Okehampton.

Diarrhoe: ursprgl. griechisch „durchfließen"; medizinischer Fachausdruck für „Durchfall".

Dress: engl. dress; Kleidung; häufig verwendet für Sportbekleidung, z. B. Fußballdress.

Drillich: sehr festes Leinen oder Baumwollgewebe; meistens verwendet für Arbeits- oder Militärbekleidung.

Hysterie: hoher seelischer Erregungszustand, der sich äußert in übersteigert nervösen Reaktionen.

Jersey: weicher Wollstoff ursprgl. von der englischen Kanalinsel Jersey.

Kapitelsänger: Solist oder Chorsänger vor einer geistlichen Versammlung.

Kapriolen: als Verb verwendet: überraschende, verrückte Sachen machen; tolle Dinger drehen. – Als Nomen: Luftsprung, Drehungen mit artistischem Effekt.

Kaskaden: sich sturzbachartig von oben ergießendes Wasser in immer neuen Mengen. – Aber auch verwendet, um ähnliche Effekte zu beschreiben, z. B. Lichtkaskaden.

Korallenbogen: bogig verlaufender Kalkgürtel der Korallen in tropischen Gewässern.

Lagune: flache Seen in (tropischen) Gewässern; vom offenen Meer durch schmale Landstreifen oder Riffe (Korallenriffe) abgetrennt.

Märtyrer: jemand der für seinen Glauben oder für seine Idee gestorben ist. – Heute alltagssprachlich auch verwendet für jemanden, der bereit ist, für andere zu leiden; narzistische Form: sich bei jeder Gelegenheit zum „Märtyrer" machen lassen; krankhafte Form ist dann gegeben, wenn sich jemand „leidend" in den Mittelpunkt rückt, um Aufmerksamkeit auf sich zu lenken.

Marionette: an Fäden bewegte Gliederpuppe; Pinocchio gilt als die weltweit bekannteste Marionette der Literatur.

Monstrum: ursprgl. göttliches Mahnzeichen; alltagssprachlich „Ungeheuer"; im religiösen Bereich mit der ursprgl. Bedeutung verwandt „Monstranz"

Myriaden: Zahlbegriff für „zehntausend"; drückt eine unzählbare Menge zumeist kleinster Partikel aus.

Opal: Halbedelstein auf Quarzbasis.

Polypen: hier: Kopffüßler mit Tentakeln (Fangarmen).

Rugby: angelsächsischer Mannschaftswettkampf mit einem eiförmigen Lederball (soll aus der Nähe von Birmingham stammen).

Tabu: konventionalisierte Vorgabe in einer Gesellschaft, bestimmte Dinge zu meiden, nicht an- bzw. nicht auszusprechen. Dinge werden gesellschaftlich für „tabu“ erklärt. So galt es lange Zeit und begrenzt heute noch als „tabu“, öffentlich über das Sterben zu reden oder Sterben gar zu „zeigen“.

Zunderholz: Holz, das sehr gut brennt. Daher die Wendung: „Das brennt wie Zunder.“ Übertragen auch in der Bedeutung von „Zunder kriegen“ (milit. „dichtes Feuer kriegen“ – fam. „Prügel kriegen, daß die Schwarte raucht“).

2.3 Zu den Symbolen und Zeichen[8]

Die Verwendung symbolischer Gegenstände und Bereiche erscheint ebenfalls im Gesamtwerk Goldings. In "The Spire" sind es hauptsächlich die Raumelemente "the spire" und "the pit", in "Lord of the Flies" das Muschelhorn, mit dem die Versammlungen der Kinder einberufen werden, der tote Flieger mit seinem Fallschirm auf der Bergspitze der Insel, die spielenden Schmetterlinge auf der Dschungellichtung, der abgehackte Schädel einer Sau, der als "lord of the flies" die Fliegen der Insel anzieht, das Feuer, das zunächst zur Rettung führen soll und schließlich den Bestand der Insel bedroht. Auch das Motiv des Lachens und Kicherns als Signum der Unmenschlichkeit kommt in beiden Romanen vor. Die Jungen auf der Insel lachen ihre Skrupel und ihre Furcht hinweg und begeben sich damit auf den Weg der Barbarei. Wie Jocelin blind ist für die Realität seiner Mitmenschen und seines eigenen Innern, so sind die Jungen in "Lord of the Flies" – mit Ausnahme von Simon – blind für die Wirklichkeit aus ihrer Insel. Aus Mangel an Selbsterkenntnis interpretieren sie die Gegenstände und Erscheinungen ihrer Insel-Umwelt falsch. Sie halten, in Annäherung an Elemente der "Gothic novel", die Zweige der Bäume für Schlangen und den toten Flieger für ein Monstrum, dem man opfern muß. In "Lord of the Flies" erweist sich Golding als Kenner und meisterhafter Schilderer von Massenhysterie, Angst und Haß.[9]

"Lord of the Flies" ist eine kritische Replik aus Ballantynes "The Coral Island" (1857). Die Kindheit erscheint bei Golding nicht als Zustand der Unschuld (selbst in Free Fall nicht, trotz gegenteiliger Versicherungen des Ich-Erzählers), sondern die spiegelt, grotesk verfremdet, Handlungs- und Verhaltensweisen der Erwachsenen wider. Obwohl nur am

8 Bernd Kahrmann, William Golding in: Horst Drescher (Hrsg.), Englische Literatur der Gegenwart, Stuttgart 1970, S. 309 ff.

9 Man muss sich vergegenwärtigen, in welch historisch-politischer Situation **Golding** seinen Roman schrieb: Der 2. Weltkrieg lag erst ein knappes Jahrzehnt zurück; der große Gegensatz zwischen „Ost" und „West" strebte im sog. „kalten Krieg" seinem Höhepunkt entgegen; weltweit wuchs die Furcht vor einem Atomkrieg.

Ende von “Lord of the Flies” ein Erwachsener auftritt, bestimmen die direkten und indirekten Vergleiche und Parallelen zwischen Kinder- und Erwachsenenwelt die Struktur dieses Romans. Während die Kinder im Begriff sind, die Insel in Brand zu stecken und sich damit ihrer Lebensgrundlage zu berauben, tobt in der Welt „da draußen“ der große atomare Krieg. Die sechs- bis zwölfjährigen englischen Jungen, die auf einer Südseeinsel notgelandet sind und deren Versuch einer demokratischen Gesellschaft scheitert und in Barbarei endet, erschienen als „ kleine und konsequente Erwachsene“ (W. Jens, Statt einer Literaturgeschichte, Pfullingen 1962, 149). Die ironische Struktur von “Lord of the Flies” besteht darin, daß die Kinder den Erwachsenen um so ähnlicher werden, je mehr sie die Konventionen und Tabus der zivilisierten Welt abstreifen. Die Mehrzahl der Jungen schließt sich dem demagogischen Führer Jack an, der ihnen als Lohn für die Preisgabe von kritischer Vernunft und Eigenständigkeit ein Leben ohne Furcht und Sorge verspricht.

Jack zerschlägt und unterhöhlt nach und nach die Anstrengungen Ralphs, seines Gegenspielers, eine demokratische Gesellschaftsform zu praktizieren; er errichtet jedoch kein Reich des Chaos, wie in der Sekundärliteratur oft behauptet wird, sondern eine totale Ordnung, deren Regel er setzt: Tänze, Rituale, magischer Singsang, Bemalung, Opferung. Den beiden Gegenspielern ordnen sich nach dem Prinzip der Variationen andere Kindergestalten zu; viele Jungen bleiben allerdings anonym. Nur Simon, die Kassandra- und Erlösergestalt (vgl. Hot gates), steht über den Gruppen. Er weiß die Lösung des Rätsels, kennt den Ursprung der kindlichen Furcht, konkret: er hat die Wahrheit über den toten Flieger auf dem Inselberg erfahren. Aber Simon wird, als er die Wahrheit verkünden will, von Jacks Stamm getötet. Am Ende des Romans rettet ein englischer Marineoffizier die Kinder vor dem Unheil, das sie auf ihrer Insel angerichtet haben – aber nur, um sie in ein größeres Unheil, die Welt des Krieges der Erwachsenen (“civilization ... in ruins”), zu bringen.[10] Diese ironische Wendung hat viel

10 “gothic novel”: Sammelbezeichnung für „Schauerromane“ der englischen Literatur. – Vgl. dazu Montague Sommers. “The Gothic Quest. History of the Gothic Novel”. London 1968.

Interpreten veranlaßt, den Roman pessimistisch, ja nihilistisch zu deuten als Dokument für Goldings Verzweiflung angesichts der „condition humaine“. Aber auch in diesem Roman herrscht, versteckter zwar als in “The spire”, das Prinzip der Dialektik, welches das Negative mit dem Positiven verspannt. Symbol hierfür ist der Schädel der Sau, zunächst das Zeichen der Irrationalität, der am Schluß genauso weiß glänzt wie die Muschel, das Zeichen der Vernunft. Weitere dialektische Strukturen zeigen sich darin, daß der Rationalist unter den Kindern ausgerechnet Piggy heißt, daß der Inselberg Zeichen und Ort der abergläubischen Furcht und der Wahrheit ist, daß das Meer als bergend-versöhnender und als unheimlich-drohender Raum erscheint, daß das Feuer der Zerstörung zugleich zum Grund der Rettung von Ralph wird. In der Wendung “the picture of a human at once heroic and sick” sind die dialektischen Momente formelhaft zusammengefaßt.

2.4 Symbole und Zeichen – Übersicht

William Golding verdeutlicht die Vorgänge und Ereignisse in seinem Roman „ Herr der Fliegen“ mit Hilfe zahlreicher Symbole und Zeichen.Die sinnfälligsten sind :

das Muschelhorn: –Zeichen der Vernunft, Symbol der Rede- und Meinungsfreiheit und demokratischen Ordnung

das Feuer: – Symbol der Hoffnung, der erwartenden Rettung, der Bindung an die Außenwelt und Zivilisation

die Brille (Piggys): – Zeichen der Intellektualität, der Klugheit, des Wissens, zugleich Feuerbringer; die zerbrochene Brille – Zeichen der Verunsicherung, der gestörten Ordnung

die spielenden Schmetterlinge: – Symbol der Schönheit, der ungestörten Natur, des Seelenhaften (griech. Schmetterling = Psyche = Seele)
Sie verflüchtigen sich beim Anblick des „Herr der Fliegen“, des Bösen

die Insel: – Symbol eines Paradieses, das aber zur Hölle wird, Symbol des Lebensschiffs (“a boat-shaped island”), auf dem die Jungen dahintreiben

der Inselberg: – Ort der Furcht, der Hoffnung, der Wahrheit; die Bergbesteigung Sinnbild der Wahrheitssuche, der Sehnsucht nach Errettung

das Meer: – Symbol der Weite der Welt, der unheimlichen Ferne, der Ausweglosigkeit, zugleich der Vergänglichkeit, der Ewigkeit, der Reinigung, der Erlösung (Simons und Piggys Leichname!)

der Marineoffizier: – Symbol der Welt der Erwachsenen, der Rettung, der Vernunft

der Kreuzer: – Ort der Bergung, der Rettung, der Sicherheit; zugleich aber Kriegsinstrument, Kampfmittel in der Welt der Erwachsenen, die nicht viel besser ist als die Barbarei der Jungen, vielleicht sogar schlimmer (Atomkrieg!)

die Bemalung der Gesichter: – Preisgabe normalen Menschenwesens, Verfremdung, Rückfall in primitive Barbarei

die Tötung der Wildsau (Muttertier mit Jungen): – Preisgabe jeder Moral, Zeichen für gewissenlose Zerstörung der Naturordnung, Absinken in Animalität

die Schlangen: – Symbol der Verführung, der Beunruhigung, des Bösen im „Paradies“ (Bibel!)

Buschtrommel, Speere: – Zeichen des Herabsinkens auf niedere Kulturstufe, Zeichen der Streitsucht und Kriegslust

das Herabrollen der Felsblöcke auf die Gegner: – Symbol brutalen Vernichtungswillens, Einsatz von „Machtmitteln“, welche die Stimmen der Vernunft zum Schweigen bringen

das fabulöse Untier: – Symbol der eigenen Unruhe, der Angst, der abergläubischen Furcht vor dem Ungewissen

der abgehackte aufgespießte Schweinskopf, der „Herr der Fliegen“: – Symbol des Verderbten, des abgründig Bösen, des Blutrauschs, der Barbarei. „Herr der Fliegen“ ist eine Übersetzung des hebr. Beelzebub, im N. T. Bezeichung für den obersten Teufel. In Goethes „Faust“ heißt Mephisto „Fliegengott“ zur Kennzeichnung des Bösen in ihm und nennt sich selber „Herr der Fliegen“ (Faust I, 1334 u. 1516)

der Leichnam des Piloten: – Symbol der gefallenen Menschenkreatur “a human at once heroic and sick”, Symbol des Krieges und des Untergangs.

die Maske, der „Tarnanstrich“: – Zeichen der Anonymität, der Befreiung von Hemmungen, der furchterregenden Wildheit

Das Prinzip der Differenzierung wird von allen Dingen in der unterschiedlichen Wiedergabe der Sprechweise der Hauptpersonen des Romans sichtbar. Folgende Merkmale charakterisieren die jeweilige Ausdrucksweise:

Ralph spricht klar, korrekt, mit gesundem Menschenverstand, aber auch zurückhaltend, einräumend, tolerant, mit Bedacht auf Vernunft und Ordnung dringend; erst später, in der Kontroverse mit Jack, etwas schwerfälliger und erregter, aber nie verletzend, immer versöhnlich.

Piggy spricht nüchtern, ausgeglichen, mit logischer Konsequenz, mitunter altklug und leicht pedantisch, aber immer entgegenkommend und verbindlich.

Simon spricht langsam, nachdenklich, versonnen, oft gehemmt, etwas zaghaft und scheu, mitunter gedankenvoll verträumt, visionär.

Jack spricht laut, aggressiv, herausfordernd, scharf, zynisch, bissig, berechnend, beleidigend, diffamierend, unnachgiebig, kompromisslos; diktatorisch, tyrannisch, besonders als „Häuptling“ oder “Chief”, wie er später von seinen Jägern angeredet wird.

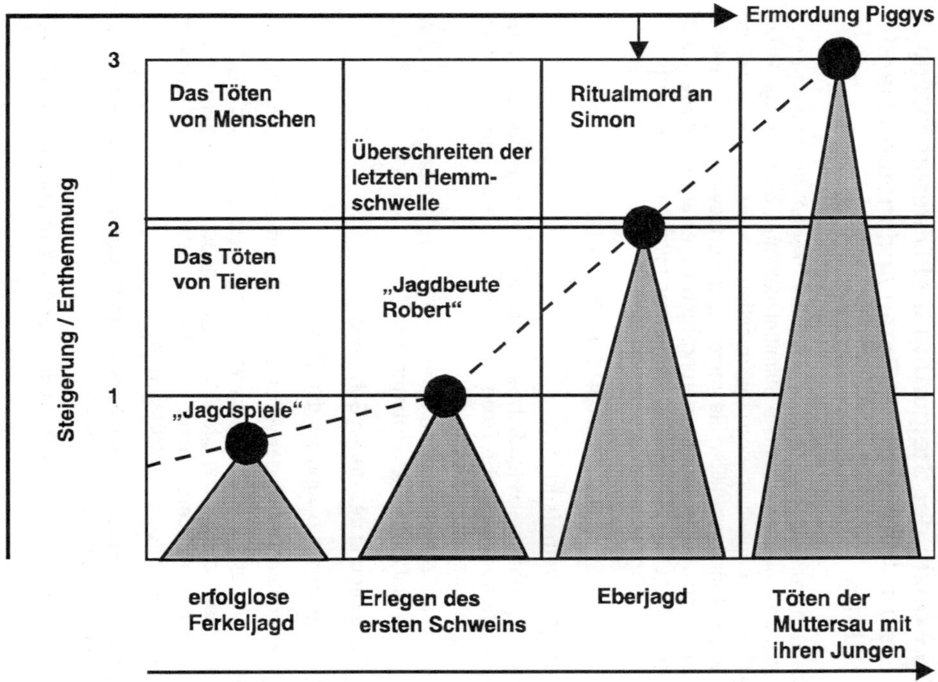
Ermordung Piggys
3
2
1
Steigerung / Enthemmung
Das Töten von Menschen
Überschreiten der letzten Hemm-schwelle
Ritualmord an Simon
Das Töten von Tieren
„Jagdbeute Robert“
„Jagdspiele“
erfolglose Ferkeljagd
Erlegen des ersten Schweins
Eberjagd
Töten der Muttersau mit ihren Jungen

2.5 Prinzip der Steigerung und Differenzierung zum Aufbau der äußeren und inneren Handlung

Die Konstruktion des Romans „Herr der Fliegen“ wird durch einige besondere charakteristische Stilmittel bestimmt, die Goldings Fähigkeit der Komposition und Meisterschaft des Erzählens erweisen. Hierzu gehören vor allem die immer wieder angewandte Technik der Steigerung und der Differenzierung, für welche der Dreitakt der Handlungsabfolge bezeichnend ist. Wir führen folgende Beispiele an:

I. DAS PRINZIP DER STEIGERUNG

1. Die Schweinejagd

Da es auf der Insel wilde Schweine gibt und die Frage der Nahrungsbeschaffung eine große Rolle spielt, begeben sich Jack und seine Jäger auf die Schweinejagd.

Das erste Schwein, das sie treffen, ein Ferkel, entkommt Jack. „Das nächste Mal gibt es kein Erbarmen.“

a) Die Erlegung des ersten Schweins

b) Die gefährliche Jagd auf den Eber

c) Die brutale Tötung der Wildsau, des Muttertiers mit ihren Jungen

Der Jagd auf die Wildschweine entspricht jeweils in Parallelhandlung die brutale, sadistische „Jagd“ auf die eigenen Kameraden, welche Schweine „markieren“ oder, wie Simon, tatsächlich für ein Wildschwein gehalten und getötet werden.

a) Der Erlegung des ersten Schweins folgt während eines Stammestanzes die Jagd auf Maurice

b) Der Jagd auf den Eber folgt die lebensgefährliche Jagd auf Robert

c) Der blutgierigen Tötung der „in tiefer Mutterseligkeit" ihre Ferkel säugenden Wildsau folgt der Kameradenmord, die irrsinnige Niedermetzelung Simons.

a) als Kraftprobe

„Die Felstrümmer reckten ihre Türme und Kamine hoch über diesen Teil der Insel empor. Der eine, an den Jack sich anlehnte, bewegte sich knirschend, als sie dagegendrückten. Der Felsenturm wirkte wie eine Herausforderung. Der Brocken war so groß wie ein kleines Auto.

„Hau ruck! Hau ruck! Laßt das Pendel stärker schwingen, stärker, stärker, stemmt die Schultern dagegen, stemmt hier, wo der Schwung am größten ist, stärker, stärker –."

„Hau ruck!"

Jetzt blieb der Felsblock zögernd auf einer Kante stehen, dann kippte er, stürzte, überschlug sich im Fallen, sauste mit dumpfen Gedröhn hernieder und riß ein großes Loch in das grüne Walddach. Vielfacher Widerhall, Vögel flogen auf, weißer und roter Staub dunstete empor, weiter unten erzitterte der Wald wie unter den wütenden Tritten eines Ungeheuers; dann war alles wieder still.

„Wie 'ne Bombe!"

b) zur Verteidigung der Felsenburg

Unter dem obersten Felsen klemmte ein Stamm und darunter ein weiterer Hebel. Robert stützte sich leicht gegen den Hebel, und der Fels knirschte. Ein richtiger Druck, und der Felsen würde donnernd auf die Landzunge herunterkrachen. Roger staunte anerkennend.

c) als Mordwaffe

Hoch über Ralph und Piggy stemmte Roger sein ganzes Körpergewicht gegen den Hebel.

Ralph hörte den schweren Felsen lange, ehe er ihn sah. Er spürte auf seinen Fußsohlen, wie die Erde erzittert und hörte, wie Gestein vom Gipfel der Klippen herabbrach. Dann sprang der riesige rote Brocken über den Damm, und er warf sich unter dem Gekreisch des Stammes platt auf den Boden.

Der Felsen streifte Piggy vom Kinn bis zum Knie, das Muschelhorn zersprühte in tausend weiße Stücke und war nicht mehr. Ohne einen Laut, ohne auch nur einen Seufzer ausstoßen zu können, wirbelte Piggy vom Felsen seitwärts durch die Luft und überschlug sich dabei. Der Felsen prallte noch zweimal auf und tauchte im Wald unter. Piggy fiel vierzig Fuß tief hinunter und klatschte mit dem Rücken auf den breiten, roten Felsen im Meer. Sein Kopf sprang auf, und eine Masse kam heraus und färbte sich rot. Piggys Arme und Beine zuckten noch einmal, wie bei einem Schwein, wenn es getötet worden ist. Dann atmete die See wieder ihr tiefes, langsames Seufzen, die Wasser kochten weiß und rot über den Felsen, und als sie wieder zurückrollten, war der breite, rote Fels leer.

Dieses Mal war die Stille vollkommen. Ralphs Lippen bewegten sich, aber kein Laut drang hervor."

MATERIALIEN: ZUR ROMANKUNST WILLIAM GOLDINGS

(1) Vorzüge und Mängel[11]

Es gibt keine Zweifel über die technische Meisterschaft von "Lord of the Flies", die Vollkommenheit des Stils und die unfehlbare und atemberaubende Entwicklung der Handlung. Was aber impliziert dieser Roman in religiöser und politischer Hinsicht? Golding (der in einem eigenen Kommentar zu "Lord of the Flies" von "the terrible disease of being human" gesprochen hat) akzeptiert die eine Seite der christlichen Lehre – die Realität der Sünde und den Tatbestand des Bösen. Aber an keiner Stelle in "Lord of the Flies" bezieht er die

11 Ronald Hindmarsh, William Golding in: Rudolf Sühnel/Dieter Riesner, Englische Dichter der Moderne, Berlin 1971, S. 550 und 556 f.

komplementären und nicht weniger wichtigen Aspekte dieser Weltanschauung ein, nämlich die Existenz Gottes und die Möglichkeit seiner Gnade. Aufgrund dieser sehr erheblichen Unterlassungssünde hat Golding seine Karten völlig zugunsten des Bösen gezinkt als dem Prinzip, das letzten Endes triumphieren muß. Die politische Aussage von Goldings erstem Roman ist nicht weniger aufschlußreich. In "Lord of the Flies" drängen sich die Hauptmerkmale dessen, was wir als die ‚geschlossene Gesellschaft' zu bezeichnen gelernt haben, in den Vordergrund: Stammesverhalten, Aberglauben, Irrationalismus, Tyrannei und Totalitarismus. Als Folge dieser fast ausschließlichen Beschränkung auf die dunklen und dämonischen Aspekte menschlichen Verhaltens haben die Charakteristika der ‚offenen Gesellschaft' – Ordnung, vernünftige Diskussion, demokratisches Vorgehen und konstruktive Kritik an der Gesellschaft durch ihre eigenen Mitglieder – in "Lord of the Flies" keine Chance. Die Demokratie ist daher in diesem Werke zu keinem Zeitpunkt ein ernst zu nehmender Gegner der totalitären Kräfte, noch hat die Zivilisation die geringste Chance gegen den Primitivismus. Stellt unter diesen Umständen der drückende Pessimismus von "Lord of the Flies" einen Fortschritt gegenüber dem selbstzufriedenen Optimismus von "The Coral Island" dar? Das Problematische an Goldings bekanntestem Roman ist die Tatsache, daß er so brillant konzipiert und realisiert ist, daß der Leser – und besonders der junge Leser – in schnellem Enthusiasmus für das Werk dazu neigen wird, die religiöse und politische Einseitigkeit zu übersehen, aus der es sich speist. "Lord of the Flies" ist zweifellos ein faszinierendes Buch, das jedoch mit einer gewissen Vorsicht und Distanz zu lesen ist.(...)

Ich habe behauptet, daß Goldings Werke zwar brillant geschrieben, aber doch höchst konstruiert sind. Was uns überall in seinem Werk auffällt, ist nicht nur seine Kraft und Vielseitigkeit als Stilist – die Genauigkeit seines Dialogs, die Gewalt seiner "purple passages" und der rein lyrische Charakter eines großen Teils seiner Werke. Man muß über den Stil hinaus auch die technische Vollkommenheit seiner Romane bewundern – die Vielzahl seiner Anspielungen, die Genauigkeit ihrer Integration in vielschichtige Erzählungen, seine Art, einer äußerst begrenzten Szenerie und Handlung Tiefe und den Eindruck von Universalität zu geben und, nicht zuletzt, jedem Roman ein so striktes Muster zugrunde zu legen, daß wir gezwungen sind, seine Prosa so gründlich wie Gedichte zu lesen. Aber man könnte gleichermaßen behaupten, daß Goldings Erfolge als Schriftsteller nicht nur von seinen Fähigkeiten, sondern auch von seinen Mängeln herrühren. Sollten wir nicht zum Beispiel zwischen der Komplexität seiner Techniken und der fast allegorischen Einfachheit der Grundaussage in jedem seiner Romane unterscheiden, die zuweilen an Banalität grenzt? Und hat Golding irgendwo einen Charakter geschaffen, der aus sich selbst heraus lebt und nicht nur Träger einer Idee ist? (...)

Aber wenn meine Vorbehalte auch nur teilweise zutreffen, wie lassen sich dann Goldings große Erfolge nicht nur in England, sondern ganz besonders auch in den Vereinigten Staaten und in Deutschland verstehen, Länder, in denen sein Werk – und insbesondere "Lord of the Flies" – in zunehmendem Maße als Textbuch sowohl in Gymnasien wie auch an den Universitäten benutzt wird?

Für Goldings gegenwärtige Popularität gibt es mehrere gute Gründe. Seine Hauptthemen – Sünde, Schuld, Strafe, Erlösung – sind von so immens aktuellem Interesse sogar in unserer nachchristlichen Welt, daß er schon aus diesem Grunde allein sicher sein konnte, viele persönlich engagierte Leser zu finden. Und was könnte moderner sein als sein Interesse an pathologischen Zuständen und sein Rückruf auf primitive Gebräuche, auf Rituale, Bacchanalien, Totem und Tabu? Es ist auch unbestreitbar, daß Golding ein äußerst begabter und origineller Schriftsteller ist, der zu keiner Schule gehört und keine Nachahmer gefunden hat.

(2) Warnung vor der Macht des Bösen[12]

Obwohl für die auf der einsamen Insel im Pazifischen Ozean verschlagene Gruppe englischer Jungen alle schädlichen Umwelteinflüsse ausgeschaltet waren und geradezu ideale Bedingungen (für eine harmonische Entwicklung der Jungen) herrschten, scheitern sie bei dem Versuch, eine auf Vernunft und Ordnung gegründete Gemeinschaft aufzubauen. Sie verschmutzen und verwahrlosen, sobald sie der elterlichen Aufsicht entbehren.

Beelzebub ist nicht bei den Kannibalen und Piraten, die Jungen selbst werden vielmehr zu Wilden und Mördern. Sie mißachten die natürlichen Rechte des anderen. Die Macht des Animalischen ist stärker als die Vernunft, und die wenigen, die eine bessere Einsicht haben, schwemmt die Woge der Vernichtung hinweg. Sie begreifen zu spät, daß sich Menschen wie Jack gewissenlos über Gesetz und Ordnung hinwegsetzen und alles hassen, was sich ihnen nicht unterwirft ...

Das von Golding entworfene Gemälde hat düstere Farben. Die irrationalen Kräfte des von Natur aus bösen Menschen toben sich aus bis zum bitteren Ende und hinterlassen ein Trümmerfeld. Über den Ursprung des Bösen gibt der Roman keinen Aufschluß. Es kann als Auswirkung eines dem Menschen innewohnenden Zerstörungstriebes verstanden werden oder auch religiöse als Folge der Erbsünde. Zweifellos sprechen symbolische Obertöne und vor allem das Zentralsymbol des Herrn der Fliegen stärker für eine christliche Interpretation, aber ein christliches Weltverständnis ist nicht als notwendig vorausgesetzt.

Wenn auch eine Gesellschaft nicht frei vom Bösen gedacht werden kann, so ist doch der Mensch keineswegs zum Bösen determiniert. Er kann sich wie Jack dem Bösen ausliefern oder wie Ralph gegen die Entfesselung der Leidenschaften ankämpfen; er kann sogar wie Simon ein Heiliger werden. Die Masse wird blind dem Stärksten folgen; aber es gibt auch Durchschnittsmenschen, wie Samneric, die sich nur

12 Arno Esch, William Golding, "Lord of the Flies" in: Horst Oppel, der moderne englische Roman, Berlin 1965, S. 332 u. 342

gezwungen und nach innerem Kampf der Gewalt beugen. In die Spannung zwischen apollinischen und dionysischen Kräften gestellt, kann der Mensch sich für das Chaos entscheiden, er kann aber auch durch Selbstzucht und englisches Zupacken eine zwar nicht ideale, aber doch brauchbare Ordnung schaffen. Daß die Jungen in "Lord of the Flies" scheitern, ist nicht allein dem zerstörerischen Wesen der Jäger zuzuschreiben, sondern auch der Trägheit und Gleichgültigkeit der Hüttenbauer. Der Sieg der anarchistischen Mächte ist nicht unausweichliches Schicksal, sondern Schuld. So ist Goldings Existenzdeutung zugleich ein Aufruf zur Selbstbesinnung.

(3) Die Unschuld des Menschen – Eine Täuschung[13]

In "Lord of the Flies" wird eine Gruppe von Schuljungen, zwischen sechs und zwölf Jahren alt, auf eine einsame Insel im Südpazifik verschlagen, als man sie aus England zu evakuieren versucht, weil dort ein Atomkrieg wütet. Ohne die Hilfe Erwachsener, sind sie bei der Aufgabe, ihr Zusammenleben zu organisieren, ganz auf sich selbst angewiesen. Ihr erste Ziel ist, trotz ihrer Isolation und der primitiven Lebensweise, die sie annehmen müssen, so eng wie möglich an die Lebensformen zu halten, die die zivilisierte Welt der Erwachsenen ihnen anerzogen hat, und auf Rettung zu warten. Das Feuer, das sie auf der Spitze des Berges in Gang zu halten versuchen, ist das Symbol ihrer Bindung an die zivilisierte Welt, denn es verkörpert ihre Hoffnung auf Rettung. Sie wählen einen Führer, schaffen Regeln und halten Versammlungen ab, um die wichtigsten Fragen, die sie lösen müssen, zu diskutieren. Eine Seemuschel wird zum Symbol ihres demokratischen Systems – wer sie in den Händen hält, darf in der Versammlung sprechen. Sie durchforschen die Insel, um ihre Umgebung kennenzulernen und passen ihr Verhalten den Gegebenheiten an. Zuerst macht alles Spaß, ihr Leben ist eine Art Pfadfinder-Spiel. Doch allmählich

---

13 Paulette Michel-Michot, Der Mythos der Unschuld in William Goldings "Lord of the Flies" in: Willi Erzgräber, Englische Literatur von Wilde bis Beckett, Frankfurt a. M. 1970, S. 316 ff.

treten die düsteren Seiten ihrer eigenen Natur in den Vordergrund. Sie bilden sich ein, es gebe auf der Insel ein Untier, das aus dem Wasser komme und nachts ungesehen umgehe. Einige der Jungen haben es auf dem Berg gesehen. Das Untier wird schnell zum Zeichen ihrer eigenen Unruhe, ihrer abergläubischen Furcht, die sich ins Maßlose steigert und schließlich alles beherrscht. Die Jungen, die die Verantwortung für die Jagd tragen, sind so aufs Töten versessen, daß sie den ursprünglichen Zweck der Jagd, die Gemeinschaft mit Nahrung zu versorgen, gar nicht mehr begreifen. Sie verwechseln das Mittel mit dem Zweck. Die Gemeinschaft spaltet sich in zwei Gruppen: die Jäger weichen immer weiter von den Normen zivilisierten Lebens ab, die die andere Gruppe zu bewahren sich bemüht. Sie verwandeln sich in eine Gruppe barbarischer Gesetzloser, die sich primitiven Riten hingibt: sie bemalen ihre Gesichter und veranstalten abscheuliche rituelle Tänze um einen Schweinekopf, den sie zum Götzen gemacht haben, oder um einen der Jungen, der die Rolle des gejagten Schweins übernimmt, und schließlich vollführen sie ihren Tötungstanz mit einem ihrer früheren Kameraden und bringen ihn zum Rhythmus ihres mörderischen Liedes wirklich um: "Kill the beast! Cut his throat! Spill his blood!" Die Vergötzung des Schweinekopfes, der zum Herrn der Fliegen selbst wird, und des Greuliche ihres Rituals verdeutlichen, daß die Kinder in einen Zustand der Barbarei verfallen sind, in dem das Böse allmächtig ist. Das Feuer wird nicht länger in Gang gehalten und die Muschel hat keine Macht mehr, die Jungen zusammenzurufen. Die Situation wird immer chaotischer, bis die Jäger, trunken vor Raserei, Simon töten, als er ihnen die gute Botschaft bringen will. Simon nämlich hat die Wahrheit über das Untier entdeckt. (...)

Als er allein den Berg besteigt, findet er ein kauerndes Etwas, das sich langsam im Wind bewegt, und er begreift, daß es der Leichnam eines Piloten ist, der vor sich hin verwest, den Fallschirm noch am Rücken. Ein Windstoß kommt, der Körper richtet sich auf, fällt wieder zusammen und haucht ihn stinkend an (181/139). Dies ist das Untier, es ist der Mensch selbst, "at once heroic und sick", eine gefallene Kreatur, tot, ein Symbol des Krieges und des Zerfalls, eine Erinnerung an den

Zustand der Erwachsenenwelt, so wie die Kinder sie verließen, und ein Symbol dessen, was ihre Gemeinschaft bedroht. Simon hat den Schlüssel zu ihrer Situation gefunden : es gibt kein "beastie", das Böse steckt in den Kindern selbst. Simon eilt den Berg hinunter, um den anderen die erlösende Botschaft zu bringen, doch bevor er sie verkünden kann, wird er von den verschreckten Jungen, die ihren Jagdtanz um ihn vollführen, viehisch umgebracht. Nach dieser mehr oder weniger vorsätzlichen Opferung verlieren sie alle Beherrschung. Die „Kleinen" (littluns) haben sich schon längst den Jägern angeschlossen, weil sie sich bei ihnen sicherer fühlen. Die Jäger erklären den wenigen noch übrigen machtlosen Vertretern des zivilisierten Lebens den Krieg. Sie foltern und ermorden sie. Und als schließlich ein Marinekutter landet, um die letzten Überlebenden zu retten, hetzen die Jäger gerade Ralph, der früher der gewählte Führer der Gemeinschaft war, über die Insel und setzen alles in Brand. (...)

Die Unschuld des Kindes und des Menschen überhaupt ist eine Täuschung, der Mensch hat von Natur aus entsetzliche Möglichkeiten zum Bösen. Daß Golding Kinder zu seinen Helden wählt, läßt dies nur um so eindrucksvoller und erschreckender hervortreten. Er zerstört ein für allemal die These, der Mensch sei ursprünglich gut oder zumindest ethisch neutral und nur die Gesellschaft sei die Quelle allen Übels. Noch auch läßt er uns den Glauben, das Böse, mit dem ein Kind geboren werde, lasse sich während des Heranwachsens ausmerzen oder durch ein System von Verhaltensnormen beseitigen, das ihm durch die Zivilisation oder durch bestimmte gesellschaftliche oder politische Ordnungen auferlegt wird. Denn obgleich die Ankunft des Marineoffiziers die Ordnung wiederherzustellen scheint, darf man nicht vergessen, daß der Krieg, den die Jungen auf der Insel austragen, nicht besser, aber auch nicht schlechter ist als der Atomkrieg, der am Beginn des Buches in der Welt tobt. Zwischen den Kindern mit ihren bemalten Gesichtern und dem Marineoffizier in der Uniform mit Goldknöpfen besteht gewissermaßen kein Unterschied. (...)

Diese kurze Analyse soll lediglich zeigen, welch breite Skala menschlicher Werte und gesellschaftlicher oder politischer Probleme von universaler sowohl als zeitbezogener Relevanz in “Lord of the Flies” zur Sprache kommt. Es ist gleichfalls erwähnenswert, daß dies zwar eine allegorische Erzählung ist, daß sie aber dennoch tief in der körperlichen und seelischen Welt des Kindes wurzelt. Die Geschichte kann als Geschichte gelesen werden, aber aus ihr tritt die allegorische Bedeutung ans Licht.

2.6 Personenkonstellation – Übersicht

In William Goldings Roman „Herr der Fliegen“ stehen sich zwei Jungen, Ralph und Jack, als Kontrahenten gegenüber. Beide gehören zu der Gruppe von Jungen, die nach einem Flugzeugabsturz, bei dem kein Erwachsener überlebt, auf eine unbewohnte Insel im Pazifischen Ozean verschlagen werden. Beide ragen über das Maß der anderen Jungen hinaus und schwingen sich zum Anführer ihrer Gruppen auf.

Ralph ist der erste, der auf die Idee kommt, mit Hilfe eines gefundenen Muschelhorns die anderen, auf der Insel verstreuten Jungen herbeizurufen und um sich zu versammeln, um Beschlüsse fassen zu können, was zur Rettung der auf die Insel Verschlagenen zu tun sei, also das Muschelhorn als Signal zu benutzen, das alle zu einem “meeting” zusammenrufen soll.

Ralph ist auch der erste, der, nachdem ihn die Versammlung der durch das Muschelhorn herbeigerufenen Jungen zum Anführer gewählt hat, Vorschläge für ein geordnetes Zusammenleben auf der Insel macht und erste Anordnungen erteilt. Er weiß, dass nur eine nach demokratischen Gesichtspunkten festgelegte Ordnung die vielleicht lange andauernde Verbannung auf der unbewohnten Insel übersehbar machen und eine Rettung ermöglichen kann.

Jacks Jäger rammen einen auf beiden Seiten zugespitzten Pfahl in die Erde und spießen daran einen abgeschlagenen Schweinskopf als Symbol ihrer Stärke und Überlegenheit auf. Von Schwärmen von Schmeißfliegen umkreist, wird er zum „Herrn der Fliegen". Der Höhepunkt der chaotischen Raserei der Jäger wird erreicht, als sie während eines ekstatischen Tanzes aus Anlass der Vergötzung des Schweinekopfes in völliger Geistesverwirrung und einem totalen Außersichsein Simon töten, als er ihnen die Nachricht bringen will, dass es sich bei dem fürchterlichen Tier auf der Höhe des Berges um den Leichnam eines abgestürzten Piloten handelt, sie so von ihrer Angst befreien will, dabei aber in den Kreis der völlig benommen blutdürstig Tanzenden hineingerät.

Nun verlieren Jacks Jäger jedes Maß, jede Beherrschung, jede Kontrolle über sich selbst. Jagd, Hass, Barbarei und rauschhafte Mordlust beherrschen die Instinkte der Jäger, die von keiner Gewalttat mehr zurückschrecken.

Ein regelrechter Krieg der Jäger gegen die wenigen vernünftigen Jungen beginnt. Alle Mittel zu deren Vernichtung werden eingesetzt, Felsen auf sie herabgestürzt, um sie zu zerquetschen. Die Zwillinge Samneric werden gefangen genommen, gefoltert und willfährig gemacht. Nach dem furchtbaren Tod Piggys, Ralphs treuen Anhänger und Berater, der von einem auf ihn und Ralph herabgerollten Felsen erschlagen und zermalmt wird, setzt die Jagd auf den flüchtenden Ralph ein. Er wird gehetzt und gehetzt – würden sie ihn fangen, so würde er erschlagen werden und auf einen an beiden Seiten zugespitzten Stock aufgespießt werden wie der Schweinskopf, der Herr der Fliegen. Aber der Rauch, den das Feuer verursacht, dass die Jäger gelegt haben, um Ralph über die Insel zu hetzen und auszuräuchern, bewirkt am Ende das Gegenteil: er ruft einen an der Insel vorbeifahrenden englischen Kreuzer herbei und ermöglicht dadurch die Rettung des fast zu Tode gehetzten Ralph und der in tierischer Raserei befindlichen Jungen.[14]

---

14 In dieser Phase kann nur durch die Rettung „von außen" ein noch größeres Unheil verhindert werden. Die Ereignisse sind an einen Punkt getrieben, von dem aus es kein Vor und Zurück für die Jungen gibt.

Es bleibt offen, wie sich Ralph und Jack begegnen werden, wenn sie von dem englischen Marineoffizier und den beiden Matrosen an Bord des vor der Küste wartenden Kreuzers gebracht werden.

In den beiden Kontrahenden Ralph und Jack stehen sich jedenfalls zwei Grundtypen menschlicher Verhaltensweise gegenüber: der in einer Ausnahmesituation ruhig überlegende, ganz auf Vernunft und gesunden Menschenverstand eingestellte, demokratische Grundregeln akzeptierende und proklamierende Mensch, der das Beste für die Gesellschaft herausholen und durchsetzen will auf der einen Seite; auf der anderen der ichsüchtige, nur seinen Instinkten folgende, hemmungslos aggressive, sadistische Triebmensch, der vor keiner Gewalttat zurückschreckt, tyrannisch seinen Willen anderen aufzwingt, eine Diktatur errichtet, die den wilden Gesetzen einer Anarchie folgt. Goldings Roman „Herr der Fliegen" ist ein warnendes Beispiel dafür, was aus einer Gemeinschaft werden kann, wenn sie die Gesetze demokratischen Verhaltens außer acht lässt und in Anarchie verfällt.

Dem Anführer und Vertreter einer beabsichtigten demokratischen Ordnung (Ralph) und einer autoritär totalitären Diktatur (Jack) ist jeweils ein wesensverwandter Gefährte zugeordnet (Piggy und Roger), während die anderen weniger individualisierten Gestalten zwischen (Samneric) oder über (Simon) den Parteien stehen, so dass sich folgendes Schema der Konstellation ergibt:

Ralph gewählter Anführer, mit Vernunft und Verantwortungsbewusstsein auf das Wohl der Gemeinschaft bedacht, später von Jacks Bande gejagt	**Jack** aggressiver, machtbesessener Usurpator, in blutrünstigem Terror und diabolischer Barbarei sich verstrickend, hysterische Brutalität erzeugend
Piggy intellektueller Rationalist, Berater Ralphs, von Roger durch herabgerollten Felsblock getötet	**Roger** gewissenloser Helfershelfer und Folterknecht des tyrannischen Diktators Jack, sadistischer Bösewicht und Rohling
Samneric Zwillingspaar Sam und Eric, gleichgeartete Durchschnittsmenschen, von Jacks Bande gefangen, gefoltert und willfährig gemacht	
Simon hilfsbereiter Individualist, Wahrheitssucher und Visionär, von Jacks Bande beim Kulttanz grausam erschlagen	

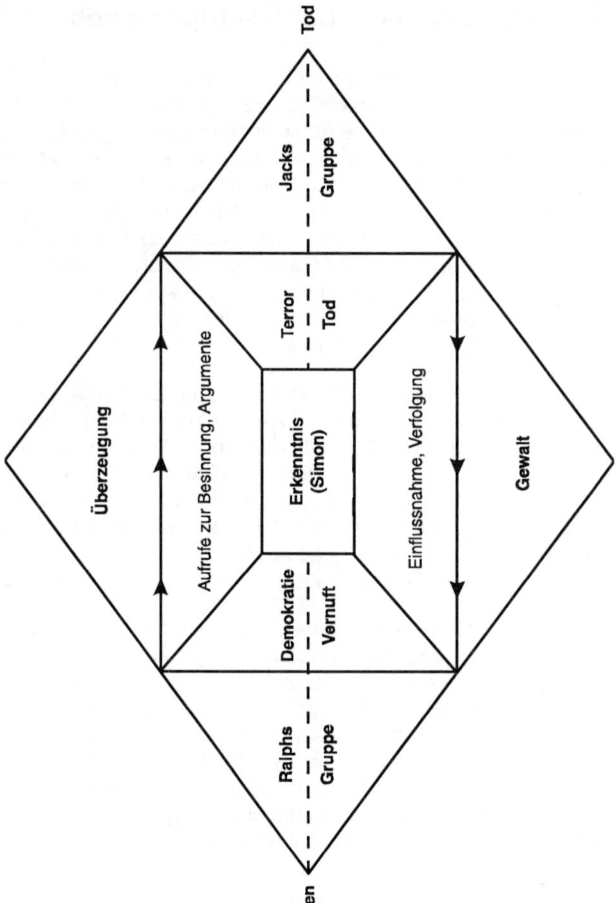
Leben
Tod
Überzeugung
Ralphs Gruppe
Demokratie Vernunft
Aufrufe zur Besinnung, Argumente
Erkenntnis (Simon)
Terror Tod
Jacks Gruppe
Einflussnahme, Verfolgung
Gewalt

2.7 Kurzcharakteristik der Hauptpersonen

Ralph: großer blonder, blauäugiger Zwölfjähriger, ruhige, bedachtsame Wesensart, handelt planmäßig und zielbewusst, überlegt und besonnen, meist sehr beherrscht, stellt alle notwendigen Unternehmungen auf Rettung ab; verantwortungsbewusst und einsatzbereit, aber besorgt über die einreißende Unordnung und den moralischen Verfall der Gemeinschaft, den er aufzuhalten trachtet. Fehler und Schuld legt er nicht nur anderen zur Last, sondern auch sich selber und ist immer bereit, zugunsten der Gemeinschaft zurückzustehen. Als von der Gemeinschaft frei gewählter Anführer will er demokratische Prinzipien durchsetzen, nur an das Wohl der Gesamtheit denkend.

***

Piggy: klein, dick, asthmatisch, kurzsichtig, daher Brillenträger, ängstlich, empfindlich, ärgert sich über seinen Spitznamen Piggy (Schweinchen), ist aber klug, klar und nüchtern denkend, rational eingestellt, von Vernunft geleitet. Oft eine Zielscheibe des allgemeinen Spottes, übertrifft er doch alle an Intelligenz. Seinen Eintritt für die Sache der Gerechtigkeit und seinen Versuch, die Raserei der Jäger zu stoppen, muss er mit einem grausamen Tod bezahlen.

***

Simon: ein in sich zurückgezogener, introvertierter Typ, sucht oft die Einsamkeit auf, in Gedanken vertieft, sensibel, zart, anfällig. Einzelgänger, aber doch hilfsbereit und mutig. Setzt sich für andere ein, z. B. für die Wiedererlangung von Piggys Brille, hilft Ralph als einziger beim Hüttenbau. Hat visionäre Eigenschaften, verkündet Ralph Rettung und Rückkehr, erkundet allein das Geheimnis des Untiers auf dem Gipfel des Berges, entdeckt die Wahrheit und stirbt einen Märtyrertod, brutal von Jacks Bande niedergestochen. Typ des Erlösers und Heiligen; auch seine Neigung zur Epilepsie (früher als „heilige Krankheit“ angesehen) ist bezeichnend.

***

hier bitte abtrennen!

Lernhilfen, Interpretationen und klassische Texte aus dem C. Bange Verlag

☐ Bitte senden Sie mir an die untenstehende Adresse laufend kostenlos Prospekte und Kataloge über Bücher aus dem C. Bange Verlag, Hollfeld, Tel.: 09274-94130/Fax: 09274-94132.

☐ Gesamtverzeichnis
☐ Verz. Königs Erläuterungen u. Lektüren
☐ Verzeichnis d. kl. Übersetzungsbibliothek griech. und röm. Klassiker

Versandanschrift: (6/97)

Name: ....

Kunde: ☐ Lehrer ☐ Student/Schüler ☐ Sonst.

Straße u. Nr.: ....

Wohnort: ....

Antwort

C. Bange Verlag
und Versandbuchhandlung
Postfach 11 60

D-96139 Hollfeld

Jack: rothaarig, sommersprossig, von einer ichsüchtigen, rohen, gewalttätigen Art, von primitiver Wildheit und Skrupellosigkeit, zwingt seinen Willen gern anderen auf, kennt keine Güte und Gnade und schwingt sich zu einem blutdürstigen Diktator auf. Töten ist ihm ein Spiel und eine Lust, erst Tiere, dann Menschen, sogar eigene Kameraden. Seine Beute jagt und hetzt er erbarmungslos, ohne Gewissensbelastung. So wird er zum Prototyp des tyrannischen Lustmörders, der keine Grenzen mehr kennt und menschlich völlig entartet. Seinen Kontrahenten Ralph hetzt er wie ein Wild, wobei ihm jedes Mittel zur Vernichtung des verhassten Gegners recht ist. Aus der ursprünglich auch von Ralph unbestrittenen Notwendigkeit der Nahrungsbeschaffung durch Jack und seine Jäger erwachsen ein Sadismus und eine diabolische, barbarische Mordlust, die grauenhaft sind.

***

Roger: der Handlanger und Helfershelfer Jacks, der aus einem zunächst etwas scheuen und verschlossenen Jungen zu einem üblen Schergen seines brutalen und rabiaten "Chiefs" wird, und das Amt des Folterknechts und Henkers übernimmt. Seine Opfer durch herabrollende Felsblöcke zu zermalmen, bereitet ihm ein besonderes Vergnügen.[15]

***

Samneric: das Zwillingspaar Sam und Eric, wegen ihres ständig gemeinsamen Auftretens und ihrer immer in völliger Übereistimmung sich vollziehenden Handlungsweise Samneric (= Sam and Eric) genannt und immer im Plural apostrophiert („ Samneric sahen einander an“, „Samneric stritten mit jemanden“) sind Mitläufer, Durchschnittsmenschen ohne ausgeprägte Eigenwilligkeit. Erst auf der Seite Ralphs stehend, werden sie unter Zwang und durch Folterung der Bande Jacks hörig gemacht, als Wächter eingesetzt und mit Schlägen und Züchtigungen dahin gebracht, den Aufenthaltsort des flüchtenden Ralph zu verraten. Typen erpressbarer Schwächlinge, die sich nicht behaupten können und der Gewalt sich beugen.

---

15 Roger ist der Typ Mensch, wie ihn die Hitler-Diktatur in großer Zahl hervorgebracht hat; seine Machtmittel sind ihm zugewachsen, und er setzt sie hemmungslos ein. Die letzte Verantwortung für sein Tun braucht er ohnehin nicht zu übernehmen.

3. DAS INSELMOTIV UND DIE ROBINSONADEN

Es kann nicht bestritten werden, daß Goldings Roman „Herr der Fliegen" in die Reihe der Robinsonaden gehört, welche die Geschichte solcher Menschen behandeln, die auf einsame Inseln verschlagen werden und sich behaupten müssen.

Inseln als Reservat, Exil, Ort der Verbannung, Flucht- und Zufluchtsort, als irdisches Paradies, Liebesinsel, Zauberinsel, als Aufenthaltsort mythologischer Gestalten, Feen, Nymphen, Dämonen, böser Geister, als Toteninsel, Ort der Seligen oder als Ort einer Sozialutopie haben schon immer in der Vorstellung der Menschen und in der Literatur eine besondere Rolle gespielt. Es kann hier nicht auf alle Darstellungen des Insellebens eingegangen werden; verwiesen sei auf das Buch von Horst Brunner, Die poetische Insel, Inseln und Inselvorstellungen in der deutschen Literatur, Stuttgart 1967; ferner auf Hans Freyer, Die politische Insel, eine Geschichte der Utopien von Platon bis zur Gegenwart, Leipzig 1936 sowie auf das Kapitel „Inseldasein" in Elisabeth Frenzels „Motive der Weltliteratur", Stuttgart 1976, dem wir folgenden Abschnitt entnehmen:[16]

„Inselleben ist immer Sonderexistenz, erweckt im Bewußtsein die Vorstellung eines Gegensatzes zwischen drinnen und draußen ... Wie dieser Gegensatz vom Inselbewohner bewertet wird, hängt von seiner Seelenlage ab; er kann sein Inselleben als Asyl, Geborgenheit und Ordnung empfinden, mit dem ein bestmöglicher Zustand, ein irdisches Paradies erreicht ist, es kann ihm aber auch Exil, Ein- bzw. Aussperrung, Verbannung, Enge, Leere und tödliche Langeweile bedeuten. Die Insel ist ein ambivalenter Bezirk, den erst das wertende Gefühl eindeutig macht. Wenn der Mensch seine Umwelt, die Gesellschaft, die Zivilisation als Last und Bedrohung empfindet, wird ihm eine Insel eine erwünschte Zuflucht sein, bejaht er dagegen seine Lebensform, wird er sich nicht nach einer Insel sehnen. Daher hängt die literarische

16 Bei Klaus Heinisch (Hrsg.) ‚Der utopische Staat', Hamburg 1960/1978 u. ö. findet sich eine breite Bibliographie zum Thema „Staatsromane".

Gestaltung des Inselmotivs von individuellen und epochalen Gegebenheiten ab. Außerdem bedeutet es einen Unterschied, ob ein Mensch sich als Vereinzelter mit seinem Inseldasein auseinandersetzt oder ob er in einer Gruppe mitgekommener oder angetroffener Gefährten lebt; Gruppendasein auf einer Insel hat meist einen positiven Akzent." (Nicht so in Goldings „Herr der Fliegen".)

Unter den vielen literarischen Darstellungen freiwilliger oder unfreiwilliger Inselaufenthalte sind besonders folgende zu erwähnen:

Antike Inselvorstellungen:

Homer, Ilias: Insel Lemnos (Philoktet)

Homer, Odyssee: Insel Ogygia (Kalypso)

Homer, Odyssee: Insel Scheria (Nausikaa, Phäakeninsel Kerkyra?)

Homer, Odyssee: Insel Aiaia (Kirkes Schweineinsel)

Homer, Odyssee: Insel Thrinakia (Rinderinsel des Helios)

Homer, Odyssee: Insel Ithaka (Heimatinsel des Odysseus)

Hesiod, Theogonie: Insel Naxos (Ariadne)

Hesoid, Theogonie: Insel der Seligen, Elysium

Pytheas, Peri Okeanu: Insel Thule

Platon, Timaios, Kritias: Insel Atlantis

Mittelalterliche Inselvorstellungen:

Thomas Morus (1516): Nova Insula Utopia

Francis Bacon (1626): Nova Atlantis

William Shakespeare (1610): Mittelmeerinsel im Märchenspiel „Der Sturm"

Inselvorstellungen des 18. und 19. Jahrhunderts:

Jonathan Swift (1726): Gullivers Reisen (1726)
Zwergeninsel Lilliput
Fliegende Insel Laputa
Zauber- und Toteninsel Glubdutrib

Hans Jakob Christoffel von Grimmelshausen, Der abenteuerliche Simplizissimus (1668): Refugium auf einer einsamen Insel, Weltflucht.

3.1 Daniel Defoe: „Robinson Crusoe“

Diese weltberühmte Erzählung des auf eine einsame Insel verschlagenen schiffbrüchigen Matrosen Robinson Crusoe, der sich im Urzustand behauptet, der Wildnis Ordnung abgewinnt und sich mit Hilfe seiner Erfahrungen und seiner Verstandeskräfte eine neue, eigene Welt erbaut, hat unmittelbar auf Goldings Roman „Herr der Fliegen“ eingewirkt.

Der Inhalt dieses in allen Sprachen der Welt übersetzten und später auch zu einem Jugendbuch gewordenen Roman ist kurz folgender:[17]

1. Teil des Romans:

Entgegen dem Willen seines Vaters möchte der junge Robinson Crusoe, geboren 1632, zur See fahren. Auf dem Schiff eines Freundes flieht er aus dem Elternhaus, gerät in Seenot, wird gerettet, schämt sich aber, als Gescheiterter heimzukehren. Ein Kraftfahrer bringt ihn nach Guinea, und Robinson beginnt zu handeln. Doch auf der nächsten Reise fällt er in die Hände von Piraten, die ihn als Sklaven verkaufen. Erst nach zwei Jahren gelingt ihm die Flucht mit Xury, einem Gefährten. Ein portugiesisches Schiff bringt die beiden nach Brasilien. Robinson versucht sich als Pflanzer und erwirbt sich ein

17 Inhaltsangabe nach Reclams Romanführer, Stuttgart 1966, S. 20 ff.

Vermögen. Nach vier Jahren fährt er aus, um in Afrika Negersklaven zu holen, doch ein Sturm lässt das Schiff stranden und Robinson als einzigen Überlebenden an eine unbewohnte Insel treiben. Mit zähem Willen und nur wenigen Geräten vom Wrack des Schiffes schafft Robinson Möglichkeiten zum Überleben: eine Höhlenwohnung, Waffen zur Jagd, dann Möbel und Geräte; schließlich baut er Getreide an und zähmt wilde Ziegen. Sein äußeres Leben scheint gesichert. Ein schweres Fieber bringt dem Ratlosen innere Einkehr: Die Wendung zum Glauben.

Eines Tages findet der einsame Robinson menschliche Fußspuren im Sand; er befreit einen Eingeborenen aus den Händen von Kannibalen, die die abgelegene Insel gelegentlich als Zuflucht benutzen, und „Freitag" – so nennt Robinson ihn – wird ihm Diener und Gefährte. Auch Freitags Vater und ein spanischer Kapitän können befreit werden. Sie fahren nach einer Nachbarinsel aus, um dort gestrandete Seeleute zu holen. Inzwischen landet ein Schiff auf Robinsons Insel, denn meuternde Matrosen wollen ihren Kapitän dort aussetzen. Doch wendet sich alles zum Guten: die Aufrührer werden auf die Insel verbannt, und Robinson kehrt nach 28 Jahren in seine Heimat zurück. Er gründet eine Familie. Seine Plantagen in Brasilien haben ihm in all den Jahren einen Millionenbetrag eingebracht.

2. Teil des Romans:

Dem unruhigen Geist Robinson behagt das Leben im Kreise seiner Familie nicht für immer, Heimweh zieht ihn nach seiner Insel. Nach dem Tode seiner Frau hält es ihn nicht mehr in England. Abenteuerlich wird schon die Reise: sein Schiff nimmt die Leute eines brennenden und dann herrenlosen Schiffes mit auf, und einige von ihnen begleiten Robinson auf die Insel. Dort wird er als Herrscher empfangen und geehrt von denen, die geblieben waren und sich nach zunächst erbitterten Kämpfen zu einer Schicksalsgemeinschaft gefunden und Frauen von benachbarten Inseln geholt hatten. Auch mit den Kannibalen hatte es Kämpfe gegeben. – Ruhelos verlässt Robinson die Insel wieder; Freitag wird unterwegs getötet. Schließlich meutert Robinsons eigene Schiffsbesatzung gegen ihn, und er bleibt in Bengalen zurück. Das Schicksal verschlägt ihn nach China, von wo er auf einem Karawanenweg quer durch Asien nach vielen Abenteuern nun zweiundsiebzigjährig für immer in seine Heimat zurückkehrt.

3.2 Johann Gottfried Schnabel: „Insel Felsenburg"[18]

Die literarisch wichtigste der nachfolgenden Flucht-Robinsonaden war innerhalb der deutschen Literatur Schnabels Insel Felsenburg (1731). Daneben gab es eine ganze Anzahl solcher Robinsonaden, die sich nur zum Teil auf Robinson berufen können, handelt es sich bei ihnen doch um nichts weiter als um den Typ des Abenteuer-Romans, wie er in einer Selbstbeschreibung des Sächsischen Romans, charakterisiert wird: „Das Wort Robinson hat seit einiger Zeit bey Uns Teutschen eben die Bedeutung angenommen, die sonsten das Frantzösische Wort Avanturier hat, welches einen Menschen anzeiget, der in der Welt allerhand außerordentlichen Glücks- und Unglücksfällen unterworfen gewesen." In der Zeit vom Erscheinen des Robinson Crusoes 1719 bis zum Erscheinen der Insel Felsenburg 1731 sind fünfzehn echte Robinsonaden aufzählbar, als solche Romane, die nicht bloß einen abenteuerlichen Reisebericht enthalten, sondern die zeitweilige insulare Abgeschlossenheit des Helden.

Die besondere Stellung, die Schnabels so folgenreiche Insel Felsenburg innerhalb der Robinsonaden-Literatur besitzt, hat ihren Grund darin, daß hier das Insel-Motiv in der Tradition der „Insel der Seligen" behandelt ist. Die Insel Felsenburg ist die erste in einer ganzen Reihe von Insel-Idyllen, die in der Literatur des ausgehenden 18. Jahrhunderts auftauchen, vor allem, etwa bei Gleim, in der empfindsamen

18 Karl Heinz Bohrer, Der Lauf des Freitag, München 1973, S. 108 f.

Idyllen-Dichtung des Rokoko.[19] Die Insel Felsenburg schildert wie Robinson Crusoe einen Schiffbruch. Aber von Beginn an ist es nicht ein einzelner Mensch, der auf eine einsame Insel verschlagen wird, sondern ein Paar, das an diesem Orte eine fromme, gottergebene Großfamilie aufbaut. Europa-Flüchtlinge, also nicht nur Schiffbrüchige treffen später ein. Die „Insel Felsenburg" wird zum künstlich abgeschlossenen Asyl gegenüber dem moralisch verkommenen Europa. Konsequenterweise ist diese Insel kein Ort für entdeckende Verfahrensweisen und widersprüchliche, zufällig und kurzfristige Handlungs- und Denkabläufe, wie sie für Robinsons Insel-Dasein kennzeichnend sind. Vielmehr enthält Schnabels Roman geradezu eine Umkehrung der Defoeschen Sehweise: Die Insel Felsenburg entspricht akurat dem beigegebenen Grundriß, den der Leser des ersten Bandes studieren kann. Vor Beginn also ist diese Insel als Totale bekannt und zwar im Schema des irdischen Paradieses: eine rationale Konstruktion also, die eigentlich nichts anderes will, als die beste aller Welten und ihre Bewohner genau zu beschreiben. Es gibt hier nicht das für Defoe typische Zeit- und Sekundenbewußtsein, nicht das schlechte Gewissen über falsche oder richtige Handlungen. Alles ist ein für allemal entschieden.

Damit aber rückt die Insel Felsenburg in Gegensatz zu Defoes Robinson Crusoe strukturell, motivgeschichtlich und ideologisch in große Nähe zur Sozialutopie, deren Erfinder Thomas Morus mit seiner Utopia von 1516 gewesen ist, zweihundert Jahre also bevor Robinson Crusoe erschien. Hier schon ist eine Insel zum utopischen Ort ausersehen, dem Francis Bacon mit seiner fragmentarisch überlieferten Nova atlantis 1626 folgte, ebenso wie James Harrington mit Oceana (1656).[20]

---

19 Epochenbegriff der Literatur; Zeit etwa zwischen dem Barock und dem Sturm und Drang (Vertreter waren: Gessner, Gleim, Hölty u. a.) Mitte des 18. Jahrhunderts.

20 James Harrington (1611–1677), englischer Schriftsteller, "The Oceana and other Works", London 1700.

3.3 Robert M. Ballantyne: „ Die Koralleninsel “

In Robert Michael Ballantynes Abenteuerroman “The Coral Island” einem ebenso wie Defoes „Robinson Crusoe“ beliebten Jugendbuch des 19. Jahrhunderts, werden drei Jungen im Alter von 10-14 Jahren auf eine im Weltmeer gelegene einsame Koralleninsel verschlagen. Auf dieser Insel führen sie ein freies, ungebundenes, naturnahes und zufriedenes Leben; sie verstehen sich gegenseitig großartig, leben in völliger Harmonie und Übereinstimmung und überwinden alle sich ihnen entgegenstellenden Schwierigkeiten mit Geduld, Zähigkeit, Ausdauer und Vernunft; Bosheiten, Streitigkeiten oder gar Feindschaften untereinander sind ihnen fremd; sie fühlen sich als “Britons” und wissen, was sie sich als solche und als zukünftige Gentlemen schuldig sind. Sie sind auf Sauberkeit und Ordnung bedacht, genießen ihre Freiheit und die landschaftliche Schönheit der Insel und leben im Zustand der Unschuld und Glückseligkeit. Die Insel wäre für sie ein vollkommenes Paradies, gäbe es nicht auf ihr auch Kannibalen und Piraten. Nur diesen grässlich tätowierten und mit Farbe beschmierten Wilden ist das Böse eigen, sie sind rohe Menschenfresser ohne jeden moralischen Halt; die Jungen dagegen sind gute Christen, verrichten täglich ihre Gebete und sehen in allen den Willen Gottes, dem sie gläubig vertrauen. Sie versuchen sogar, die Kannibalen zu bekehren, was ihnen auch teilweise gelingt: das Gute siegt über das Böse .

Von Ballantyne übernimmt Golding nur die Namen der Jungen: Ralph und Jack; Peterkin wird zu Simon (Petrus) umstilisiert. Aber sonst verkehrt Golding den Sinn des Romans “Coral Island” in sein Gegenteil: nicht das Gute, sondern das Böse siegt, weil der Mensch nach Goldings pessimistischer Auffassung zum Bösen determiniert ist; und das Böse ist nicht in fremden Kannibalen, sondern bei Golding in den Jungen selber, die völlig entarten, in wilde Barbarei verfallen, sich gegenseitig bedrohten und gegenseitig vernichten. Ein Vergleich der drei Abenteuerromane, in deren Mittelpunkt ein Inseldasein steht – nur mit dem Unterschied, dass Robinson allein als Weißer auf einer Insel lebt und mit sich selbst fertig werden muss, während es sich bei

Ballantyne und Golding um Gruppen von Jungen handelt, die eine Gemeinschaft aufbauen müssen, dabei Erfolg haben (Ballantyne) oder versagen (Golding) –, ist sehr lohnend und erschließt interessante Parallelen. Paulette Michel-Michot hat sie in dem Aufsatz „Der Mythos der Unschuld in William Goldings "Lord of the Flies" näher umschrieben; wir entnehmen ihm den Schlussabschnitt:

„Robinson Crusoe“ ist die Verherrlichung menschlichen Leistungsvermögens, des Individuums, das nie besiegt wird. Das ist der Grund, warum Crusoe auf seiner Insel allein lebt: seine Energie, sein gesunder Menschenverstand und seine praktische Intelligenz sind alles, was er braucht.

Golding wählt zwar eine Gemeinschaft von Kindern, um sein Thema zu gestalten, doch der Kern des Problems ist die Natur des Menschen, denn in ihm selbst liegt die Saat des Bösen, das ihn ins Verderben führt und damit natürlich auch weitere Folgen für die Gemeinschaft mit sich bringt. Dies zeigt, daß Goldings Thema mehr impliziert als das Defoes; allein die Tatsache, daß er das Leben einer Gruppe von Jungen darstellt, während Defoe sich mit einem einzelnen Menschen begnügt, kennzeichnet in sich schon Epochen, in denen die Romane geschrieben wurden. Ähnlich interessant ist es, daß Ballantynes Jungen auf einer einsamen Insel leben, ohne daß ihr Zusammenleben zu irgendwelchen sozialen oder psychologischen Schwierigkeiten führt – sie sind eben Gentlemen …

Der schöpferischen Energie Robinsons, dem ununterbrochenen Kampf gegen seine verderbte Natur, der Fähigkeit, die sich ihm stellenden Probleme durch Arbeit und Erfindungsreichtum zu lösen, folgte die Selbstzufriedenheit von Ballantynes Figuren, für die es überhaupt kein wirkliches Problem gab. Sie erfreuten sich einer Stellung, die sie ererbt hatten, waren unschuldige christliche Jünglinge, die aufregende Abenteuer erlebten und den Wilden ihrer Insel das Christentum brachten. Dann kam mit "Lord of the Flies" die brutale Zerstörung des Mythos von der Unschuld: die Gemeinschaft der Kinder erschien als Mikrokosmos der Erwachsenenwelt.

Golding deckt den Verfall der Werte auf, für die Robinson Crusoe kämpfte und die von den Jungen in “The Coral Island” als selbstverständlich hingenommen wurden. Er macht ein Ende mit dem Mythos von der Unschuld und führt uns zurück zum Problem des Bösen in der Welt, das von Defoe zu sehr vereinfacht und von Ballantyne nicht beachtet wurde.“

Golding selbst kennzeichnet seine Meinung und die Absicht seines Romans „Herr der Fliegen“ mit den Worten: „Jeder, der nicht weiß, daß der Mensch Böses hervorbringt wie eine Biene ihren Honig, muß blind oder wirr im Kopf sein.“ Ihm ist der Mensch, um mit Goethes „Fliegengott“ Mephisto zu sprechen, „ein Teil von jener Kraft, die stets das Böse will“, aber nicht immer das Gute schafft. Er weiß, dass das Teuflische im Menschen,

> „... alles, was man Sünde,
> Zerstörung, kurz das Böse nennt,
> sein eigentliches Element“

ist. Dies ist wahrscheinlich kein optimistischer Ausblick, und es ist fraglich, ob die am Schluss des Romans erfolgte Rettung der Jungen auch eine Rettung im faustischen Sinne bedeutet, ob sie, wieder mit Goethes „Faust“ zu sprechen, „reuig“ zu besseren, zu guten Menschen „umgeartet“ werden können; ihre Tränen deuten vielleicht darauf hin, aber das vor Anker liegende Kriegsschiff und der in der Welt tobende Atomkrieg lassen an der Friedfertigkeit und Friedensliebe der Menschheit zweifeln.

3.4 Bemerkungen zum Robinson-Problem[21]

Wie bei den Jungen in Goldings Roman „Herr der Fliegen“ – man denke an das „Tier aus dem Wasser“ und an das „Tier aus der Luft“ sowie an die verschiedenen Angstvorstellungen von Schlangen, und

21 Karl Heinz Bohrer, Der Lauf des Freitag, München 1973, S. 94 ff.

von unerklärlichen merkwürdigen Erscheinungen –, so sind auch bei Defoes Robinson „die Bedingungen der Wahrnehmung" ohne irgendeine Gewißheit.

Robinson war beim Anblick des auf ihn zulaufenden Freitag tief erschrocken, aber wenige Sekunden danach hatte er wieder Mut gefaßt.

Schneiden wir vorerst die später noch zu erörternde Frage aus, ob sich ein Mensch überhaupt so lange in solcher Isolation habe halten können, ohne physisch, zumindest aber psychisch zu sterben. Robinsons Überleben, seit dem Tag, an dem er die Fußspur fand, bis zu dem Tag, an dem er Freitag rettete, es ist die kritische Zeit der vorbereitenden Konzentration auf Freitag und deshalb auch das literarisch interessanteste Stück, erklärt sich jedenfalls aus eben dieser auffallenden Unruhe des Gemüts, wodurch er in einer Minute den entgegengesetzten Gefühlen ausgesetzt war: Paradoxerweise verhinderte diese Gemütsunruhe, daß der Schiffbrüchige, Jäger, Bauer, Handwerker, Kolonisator und Erzieher – alle diese Berufe füllte er aus – fixiert blieb auf Melancholie und selbstzerstörerische Verzweiflung, die jeden erfassen würde, der weniger extrovertiert, nicht nur an die äußeren Fakten gefesselt, wie Robinson es war, zu überleben versuchte. Es war keine Gemütsunruhe im Verstande einer sentimentalen Regung, denn keiner blieb kälter und unsentimentaler als Robinson. Es war vielmehr eine Gemütsunruhe, die sich aus einer eher mechanistischen Regung gegensätzlicher Kräfte des Bluts, der Herzens und des Gehirns ergab. Robinsons Denken nahm seinen jeweiligen Ausgang immer von der äußeren Welt. Der Prozeß seiner einzelnen Überlegungen, Argumente und Schlußfolgerungen hatte selbst etwas naturhaftes, war er eigentlich doch nie weiter als die Wirklichkeit selbst, als der jeweilige Wirklichkeitsausschnitt, der sich ihm gerade sinnlich anbot. Dieser retardierte Prozeß seiner Gedanken und Gefühle vollzieht sich fast analog zu den Meereswellen, die ihn an Land spülten. Auf den Strand seiner Insel geworfen, war er noch keineswegs gerettet, sondern kämpfte um jeden Meter Land gegen die See, die ihn zurückzureißen drohte.

So wie jede einzelne Welle Robinson den Boden unter den Füßen wieder wegreißt, so reißt jeder Augenblick Robinson aus der Kontinuität des Denkens und Urteilens. Denn Robinsons Denken ist buchstäblich vom nächsten Augenblick geleitet: Er sieht nur Eines, er nimmt immer nur Eines wahr, es ist immer nur der eine Gedanke eines kurzen, gegenwärtigen Wimpernschlags. Er ist ganz und gar ausgeliefert der Fähigkeit seiner Sekundensinne, was in Defoes detaillierter Beschreibung nicht oberflächlich oder gedankenlos wirkt, sondern umgekehrt eher einer konkreten Wahrheit verpflichtet, auch wenn diese nur für wenige Augenblicke stimmt. Seit Robinson den Abdruck des nackten, menschlichen Fußes erblickte, brauchte er bis zu dieser Stunde, in der er auf Freitag wartet, der ihm entgegenläuft, alle Zeit, um des schrecklichen Eindrucks emotionell und gedanklich Herr zu werden. Was er in der ersten Phase der Überlegungen an jenem Schrekkenstag fühlte, das fühlt er auch für die Dauer der ganzen nachfolgenden Zeit:

„Ich trat wieder näher, um zu sehen, ob noch andere Spuren dabei wären, und um zu prüfen, ob ich mir das nicht alles eingebildet hätte. Aber für eine Einbildung war nicht Raum, denn da war der Fußtritt, ganz deutliche, Zehen, Fersen und alles übrige; wie der Mensch hierher kam, wußte ich nicht und konnte ich mir nicht im entferntesten vorstellen. Mit unzähligen, durcheinanderwirbelnden Gedanken, wie ein vollkommen verwirrter Mensch, ja außer mir selber, kam ich heim zu meiner Festung, ohne daß ich, wie man sagt, den Boden unter den Füßen gespürt hätte. Ich war zu Tode erschrocken, blickte mich alle zwei oder drei Schritte um, ließ mich von jedem Busch und Baum narren, vermutete hinter jedem Baumstumpf in der Entfernung einen Mann. Unmöglich zu beschreiben, in wie vielen verschiedenen Gestalten meine Einbildung mir die Dinge darstellte und wie viele wilde Ideen jeden Augenblick durch meinen Kopf schossen, und was für seltsame, verrückte Einfälle mir unterwegs in den Sinn kamen."

Robinson hat sich die Fußspur folgendermaßen erklärt: Während er aus Vernunftgründen zunächst glaubte, es sei der Teufel gewesen, weil sonst kein menschliches Wesen auf diese Insel gelangen könne, kam er bald auf die richtige Erklärung, es müßten Eingeborene gewesen sein. Er denkt über seine ständig wechselnden Einfälle selbst nach.

(Dabei wird Robinson vor einem ständigen Wechsel seiner Gedanken, seiner Befürchtungen, seiner Angstvorstellungen hin- und hergeworfen, ebenso wie Goldings Jungen in ihrer Furcht vor dem Untier. Bohrer gibt dieses Auf und Ab, Hin und Her der Gedanken Robinsons in Form einer Tabelle wieder – eine solche Tabelle ließe sich auch für die wechselnden Empfindungen der Jungen in Goldings Roman aufstellen. Das treibende Motiv dafür ist das Gefühl der Angst vor einem Unbekannten, einem noch verborgenen Inselgeheimnis.)

Tabelle vom Hin und Her der Gedanken

Würde Robinson nicht nur eine Tabelle über Soll und Haben seiner Lage aufgestellt haben, sondern hätte er über das geschilderte Hin und Her seiner Gefühle und Wahrnehmungen Tagebuch geführt, dann hätte dieses Tagebuch etwa folgende Daten enthalten müssen:

1. Entdeckung des „Abdrucks eines nackten, menschlichen Fußes".
2. Reflexion über Herkunft der Spur: Wahn und Realität.
3. Das Thema Wilde/Die Furcht davor.
4. Neue Reflexionen über mögliche Herkunft der Fußspur.
5. Wiederum Ausbrechen der Angst. Robinson verstärkt seine Burg, pflanzt zu seinem Schutz Gehölz an.
6. Widerstreitende Gefühle: nochmalige Erörterung, was die Fußspur wohl bedeutet.
7. Neue Entdeckung: die gräßlichen Überreste der auf der Insel gelandeten Kannibalen.
8. Inhalt der Reflexion: die teuflischen Kannibalen. (...)
11. Neue Gemütsverfinsterung.
12. Erschrecken durch Ziegenbock: Angst und kalter Schweiß.

13. Dritte Entdeckung: Robinson erblickt den Widerschein des Feuers. Erste wirkliche Wahrnehmung von Kannibalen.
14. Abermalige Verwirrung des Gemüts.
15. Vierte Entdeckung: Knall einer Kanone. Schiffbruch eines fremden Schiffes. Wahrnehmungen eines Wracks. Sehnsucht nach menschlichen Gefährten.
16. Weltweisheit und Reflexionen: Der Hund vom Schiff.
17. Nächtliche intensive Überlegungen über seine Lage: „Auf den großen Verkehrsstraßen des Gehirns." Thematisierung von Wahrnehmung und begrenztem Wissen.
18. Nochmals Thema Wilde: besessen von dem einen Gedanken, sich von dieser Insel zu befreien. (...)

Katastrophenphantasie und Angst sind die Folgen einer mobilen Ansicht der Welt. Gleichzeitig sind sie aber auch Beschleunigung der Handlung und der Entschlüsse. Die Angst vor der Katastrophe, das Erschrecken als Grundstimmung ... sind die Reaktion der Nerven gegenüber dem unvorhersehbaren, aber ständig möglichen Eintritt der Lebensgefahr ...

Robinson sagt selbst: „Es ist ebenso unmöglich wie nutzlos, die unzähligen Scharen von Gedanken niederzuschreiben, die zur Nachtzeit auf der großen Verkehrsstraße des Gehirns, dem Gedächtnis, hin- und herschossen. In den Betrachtungen über mein Schicksal auf der Insel verglich ich den glücklichen Zustand während der ersten Zeit meines Hierseins mit dem Leben in Angst, Schrecken und Furcht, das ich seit der Entdeckung jener Fußspur im Sand geführt hatte ..."

(Die Analogie zu den Gedanken und Empfindungen der Jungen in Goldings „Herr der Fliegen" ist nicht zu übersehen; auch sie werden von einem ständigen Hin und Her angstvoller Gedanken und häßlicher Träume gequält; die „Erlösung" durch Simon wird ihnen nicht zuteil, weil sie den „Heilbringer" in der Verwirrung ihres Blutrauschs töten.)

4. MATERIALIEN ZUR DISKUSSION

4.1 Konrad Lorenz – Das sogenannte Böse[22] – Zum Problem der Aggression

Nehmen wir an, ein objektivierender Verhaltensforscher säße auf einem anderen Planeten, etwa dem Mars, und untersuchte das soziale Verhalten des Menschen mit Hilfe eines Fernrohrs, dessen Vergrößerung zu gering sei, um Individuen wiederzuerkennen und in ihrem Einzelverhalten verfolgen zu können, das aber wohl gestatte, grobe Ereignisse, wie Völkerwanderungen, Schlachten usw. zu beobachten. Er würde nie auf den Gedanken kommen, daß das menschliche Verhalten von Vernunft oder gar von verantwortlicher Moral gesteuert sei.

Wenn wir annehmen, unser außer-irdischer Beobachter sei ein reines Verstandeswesen, das, selbst bar aller Instinkte, nichts davon wüßte, wie Instinkte im allgemeinen und Aggressionen im besonderen funktionieren und in welcher Weise ihre Funktion mißlingen kann, er würde in arger Verlegenheit sein, die menschliche Geschichte zu verstehen. Die sich immer wiederholenden Ereignisse der Geschichte können aus menschlichem Verstand und menschlicher Vernunft nicht erklärt werden. Es ist ein Gemeinplatz zu sagen, sie seien durch dasjenige verursacht, was man gemeinhin „menschliche Natur“ nennt. Die vernünftige und unlogische menschliche Natur läßt zwei Nationen miteinander wetteifern und kämpfen, auch wenn keine wirtschaftlichen Gründe sie dazu zwingen, sie veranlaßt zwei politische Parteien oder Religionen trotz erstaunlicher Ähnlichkeit ihrer Heilsprogramme zu erbittertem Kampf, und sie treibt einen Alexander oder Napoleon, Millionen von Untertanen dem Versuch zu opfern, die ganze Welt unter

22 Konrad Lorenz, Das sogenannte Böse. Zur Naturgeschichte der Aggression. Wien 1963, S. 335 ff.

seinem Zepter zu einen. Merkwürdigerweise lernen wir in der Schule, Menschen, die diese und ähnliche Absurditäten begangen haben, mit Respekt zu betrachten, ja als große Männer zu verehren. Wir sind dazu erzogen, uns der sogenannten politischen Klugheit der für die Staatsführung Verantwortlichen zu unterwerfen, und wir sind an alle hier in Rede stehenden Phänomene so gewöhnt, daß die meisten von uns sich daraus nicht klar darüber werden, wie ungemein dumm und menschheits-schädlich das historische Verhalten der Völker ist.

Hat man dies aber einmal erkannt, so kann man der Frage nicht ausweichen, wie es kommt, daß angeblich vernünftige Wesen sich so unvernünftig verhalten können. Ganz offenbar müssen überwältigend starke Faktoren am Werke sein, die imstande sind, der individuellen Vernunft des Menschen die Führung so völlig zu entreißen, und die außerdem völlig unfähig sind, aus Erfahrung zu lernen. Wie Hegel sagt, lehrt uns die Erfahrung der Geschichte, daß Mensch und Regierungen nie aus der Geschichte gelernt oder Folgerungen aus ihr gezogen haben.

Alle diese erstaunlichen Widersprüche finden eine zwanglose Erklärung und lassen sich lückenlos einordnen, sowie man sich zu der Erkenntnis durchgerungen hat, daß das soziale Verhalten des Menschen keineswegs ausschließlich von Verstand und kultureller Tradition diktiert wird, sondern immer noch allen jenen Gesetzlichkeiten gehorcht, die in allem phylogenetisch entstandenen instinktiven Verhalten obwalten, Gesetzlichkeiten, die wir aus dem Studium tierischen Verhaltens recht gut kennen.

Nehmen wir nun aber an, unser extraterrestrischer Beobachter sei ein erfahrener Ethologe, der alles gründlich weiß, was in den vorangehenden Kapiteln kurz dargestellt wurde – er müßte unvermeidbar den Schluß ziehen, die menschliche Sozietät sei sehr ähnlich beschaffen wie die der Ratten, die ebenfalls innerhalb der geschlossenen Sippe sozial und friedfertig, wahre Teufel aber gegen jeden Artgenossen sind, der nicht zur eigenen Partei gehört. Wüßte unser Beobachter vom Mars außerdem noch von der explosiven Bevölkerungszunahme der ständig anwachsenden Furchtbarkeit der Waffen und von der Verteilung der Menschheit auf einige wenige politische Lager – er würde ihre Zukunft nicht rosiger beurteilen als diejenigen einiger feindlicher Rattensozietäten auf einem beinahe leergefressenen Schiff. Dabei wäre diese Prognose noch optimistisch, denn von den Ratten läßt sich voraussagen, daß nach dem großen Morden immerhin genug von ihnen übrig bleiben werden, um die Art zu erhalten, was vom Menschen nach Gebrauch der Wasserstoffbombe gar nicht so sicher ist.

Es liegt tiefe Wahrheit im Symbol der Früchte vom Baume der Erkenntnis. Erkenntnis, die dem begrifflichen Denken entsprang, vertrieb den Menschen aus dem Paradies, in dem er bedenkenlos seinen Instinkten folgen und tun und lassen konnte, wozu die Lust ihn ankam. Das dialogisch fragende Experimentieren mit der Umwelt, das aus dem begrifflichen Denken herkommt, schenkte ihm seine ersten Werkzeuge, den Faustkeil und das Feuer. Er verwendete sie prompt dazu, seinen Bruder totzuschlagen und zu braten, wie die Funde in den Wohnstätten der Pekingmenschen beweisen: neben den ersten Spuren des Feuergebrauchs liegen zertrümmerte und deutlich angeröstete Menschenknochen. Das begriffliche Denken verschaffte dem Menschen die Herrschaft über seine außer-artliche Umwelt und gab damit der intraspezifischen Selektion die Zügel frei, von deren üblen Auswirkungen wir schon gehört haben (...) und auf deren Schuldkonto wahrscheinlich auch der übertriebene Aggressionsdrang zu setzen ist, an dem wir heute noch leiden. Das begriffliche Denken verlieh dem Menschen mit der Wortsprache die Möglichkeit zur Weitergabe überindividuellen Wissens und zur Kulturentwicklung; diese aber bewirkte in seinen Lebensbedingungen so schnelle und umwälzende Änderungen, daß die Anpassungsfähigkeit seiner Instinkte an ihnen scheiterte.

Fast möchte man meinen, es müsse grundsätzlich jede Gabe, die dem Menschen von seinem Denken beschert wird, mit einem gefährlichen Übel bezahlt werden, das sie unausweichlich im Gefolge hat. Zu unserem Glück ist dem nicht so, denn dem begrifflichen Denken entspringt auch die vernunftmäßige Verantwortlichkeit des Menschen, auf der allein seine Hoffnung beruht, den ständig wachsenden Gefahren steuern zu können. (...)

Wenn moralische Verantwortlichkeit und die aus ihr womöglich unter Umständen erwachsenden Tötungshemmungen auch seit der Erfindung des Faustkeils erheblich gewachsen sind, so hat leider die Leichtigkeit des Tötens in gleichem Maße zugenommen, und vor allem hat es die verfeindete Tötungsabsicht mit sich gebracht, daß dem Handelnden die Folgen seines Tuns nicht unmittelbar ans Herz greifen. Die Entfernung, auf die alle Schußwaffen wirken, schirmt den Tötenden gegen die Reizsituation ab, die ihm anderenfalls die Gräßlichkeit der Konsequenzen sinnlich nahebringen würden. Die tiefen gefühlsmäßigen Schichten unserer Seele nehmen es einfach nicht mehr zur Kenntnis, daß das Abkrümmen eines Zeigefingers zur Folge hat, daß unser Schuß einem anderen Menschen die Eingeweide zerreißt. Kein geistig gesunder Mensch würde auch nur auf die Hasenjagd gehen, müßte er das Wild mit Zähnen und Fingernägeln töten. Nur durch Abschirmung unserer Gefühle gegen alle sinnfälligen Folgen unseres Tuns wird es möglich, daß ein Mensch, der es kaum fertig brächte, einem unartigen Kind eine verdiente Ohrfeige zu geben, es sehr wohl über sich bringen kann, den Auslöseknopf einer Raketenwaffe oder einer Bombenabwurf-Vorrichtung zu betätigen und damit Hunderte von liebenswerten Kindern einem gräßlichen Flammentod zu überantworten. Gute, brave, anständige Familienväter haben Bombenteppiche gelegt. Eine entsetzliche und heute beinahe schon unglaubhafte Tatsache! Demagogen besitzen offenbar ganz ausgezeichnete, wenn auch nur praktische Kenntnis des menschlichen Instinktverhaltens und benutzen die Abschirmung der zu verhetzenden Partei gegen aggressionshemmende Reizsituationen zielbewußt als ein wichtiges Werkzeug. (...)

4.2 Elias Canetti: Masse und Macht[23]

4.2.1 Gewalt und Macht

Mit Gewalt verbindet man die Vorstellung von etwas, das nah und gegenwärtig ist. Sie ist zwingender und unmittelbarer als die Macht. Man spricht, verstärkend, von physischer Gewalt. Macht auf tieferen und mehr animalischen Stufen ist besser als Gewalt zu bezeichnen. Eine Beute wird mit Gewalt ergriffen und mit Gewalt in den Mund geführt. Wenn die Gewalt sich mehr Zeit läßt, wird sie zur Macht. Aber im akuten Augenblick, der dann doch einmal kommt, im Augenblick der Entscheidung und Unwiderruflichkeit, ist sie wieder reine Gewalt. Macht ist allgemeiner und geräumiger als Gewalt, sie enthält viel mehr, und sie ist nicht mehr ganz so dynamisch. Sie ist umständlicher und hat sogar ein gewisses Maß von Geduld. Das Wort selbst leitet sich aus einer alten gotischen Wurzel ‚mangan' für ‚können, vermögen' her und ist mit dem Stamm ‚machen' überhaupt nicht verwandt.

Der Unterschied zwischen Gewalt und Macht läßt sich auf sehr einfache Weise darstellen, nämlich am Verhältnis zwischen Katze und Maus.

Die Maus, einmal gefangen, ist in der Gewalt der Katze. Sie hat sie ergriffen, sie hält sie gepackt, sie wird sie töten. Aber sobald sie mit ihr zu spielen beginnt, kommt etwas Neues dazu. Sie läßt sie los und erlaubt ihr, ein Stück weiterzulaufen. Kaum hat die Maus ihr den Rücken gekehrt und läuft, ist sie nicht mehr in ihrer Gewalt. Wohl aber steht es in der Macht der Katze, sie sich zurückzuholen. Läßt sie sie ganz laufen, so hat sie sie auch aus ihrem Machtbereich entlassen. Bis zum Punkte aber, wo sie ihr sicher erreichbar ist, bleibt sie in ihrer Macht. Der Raum, den die Katze überschattet, die Augenblicke der Hoffnung, die sie der Maus läßt, aber unter genauester Bewachung, ohne daß sie ihr Interesse an ihr und ihrer Zerstörung verliert, das alles

23 Dieser und die folgenden Abschnitte sind entnommen dem Werk von Elias Canetti, Masse und Macht, Müchen 1960 (Reihe Hanser Bd. 124/125).

zusammen, Raum, Hoffnung, Bewachung und Zerstörungs-Interesse, könnte man als den eigentlichen Leib der Macht oder einfach als die Macht selbst bezeichnen. Es gehört also dazu – im Gegensatz zur Gewalt – eine gewisse Verbreiterung, mehr Raum und auch etwas mehr Zeit. (II,7)

4.2.2 Die Jagdmeute und ihre Strategie

Es wird hier allem, was sonst als Stamm, Sippe, Klan bezeichnet wird, mit Absicht eine andere Einheit, die der Meute, entgegengesetzt. Jene bekannten soziologischen Begriffe haben alle, wichtig wie sie sind, etwas Statisches. Die Meute dagegen ist eine Einheit der Aktion, und sie tritt konkret in Erscheinung. Von ihr muß ausgehen, wer die Ursprünge des Verhaltens von Massen erforschen will. Sie ist ihre älteste und begrenzteste Form unter Menschen, sie war schon da, bevor es menschliche Massen in unserem modernen Sinne gab. Sie tritt auf mancherlei Art in Erscheinung. Sie ist immer deutlich faßbar. Ihre Aktivität durch Jahrzehntausende hindurch ist so intensiv, daß sie überall Spuren hinterlassen hat, und auch in unserer ganz anders gearteten Zeit sind noch mancherlei Gebilde am Leben, die sich unmittelbar vor ihr ableiten.

In vier verschiedenen Formen oder Funktionen tritt die Meute von jeher auf. Sie haben alle etwas Fließendes und gehen leicht ineinander über, aber es ist wichtig, vor allem einmal zu bestimmen, worin sie sich unterscheiden. Die natürlichste und echteste Meute ist die, von der unser Wort sich ableitet, die der Jagd. Sie bildet sich überall, wo es gegen ein gefährliches oder starkes Tier geht, das der einzelne allein schwer erbeuten kann; und sie bildet sich auch, wo eine massenhafte Beute winkt, von der man sich möglichst wenig entgehen lassen möchte. Die Größe des erlegten Tieres, ob nun Walfisch oder Elefant, selbst wenn es von einzelnen getroffen worden ist, hat zur Folge, daß es immer nur von vielen zusammen erbeutet und aufgeteilt werden kann. Die Jagdmeute geht so in einen Zustand der Verteilung über; manchmal tritt das letztere allein in Erscheinung, aber beides gehört eng zusammen und muß zusammen untersucht werden. Beider

Gegenstand ist die Beute, und sie allein, ihr Verhalten, ihre Eigenart – lebend und tot – bestimmt genau das Verhalten der Meute, die sich um ihretwillen bildet.

Die Auswahl des Ausdrucks ‚Meute' für diese ältere und begrenztere Form von Masse soll daran erinnern, daß auch sie ihre Entstehung bei den Menschen einem tierischen Vorbild verdankt; dem Rudel gemeinsam jagender Tiere. Die Wölfe, die der Mensch gut kannte und sich im Lauf der Jahrtausende zu Hunden erzog, haben ihn schon früh beeindruckt. Ihr Vorkommen als mythisches Tier bei so vielen Völkern, die Vorstellungen vom Werwolf, die Geschichten von Menschen, die, als Wölfe verkleidet, andere überfallen und zerfleischen, jene Ursprungslegenden von Kindern, die von Wölfen aufgezogen wurden, all dies und manches andere beweist, wie nahe der Wolf dem Menschen stand.

Die Jagdmeute, unter der man heute eine Koppel von Hunden versteht, die zur gemeinsamen Jagd abgerichtet ist, ist das lebende Überbleibsel jener alten Verbindung. Die Menschen haben von den Wölfen gelernt, in manchen Tänzen wurde das Wolf-Sein sozusagen eingeübt. Natürlich haben auch andere Tiere ihr Teil zur Ausbildung ähnlicher Fähigkeiten bei den Jagdvölkern beigetragen. Ich verwende den Ausdruck ‚Meute' für Menschen statt für Tiere, weil er das Gemeinsame der eiligen Bewegung und das konkrete Ziel vor Augen, um das es dabei geht, am besten bezeichnet. Die Meute will eine Beute; sie will ihr Blut und ihren Tod. Sie muß rasch und unablenkbar, mit List und Ausdauer hinter ihr her sein, um sie zu erlangen. Sie muntert sich durch gemeinsames Kläffen auf. Die Bedeutung dieses Lärms, in dem die Stimmen der einzelnen Tiere zusammenfallen, ist nicht zu unterschätzen. Er kann nachlassen und wieder anschwellen; aber er ist unbeirrbar, er enthält den Angriff. Das endlich Erlangte und Erlegte wird von allen gefressen. Es besteht im allgemeinen die ‚Sitte', jedem der Teilnehmer etwas vom Erlegten zu überlassen: selbst zur Verteilungsmeute lassen sich Ansätze schon bei den Tieren finden. (I, 103 f.)

Die Jagdmeute bewegt sich mit allen Mitteln auf etwas Lebendes zu, das sie erlegen will, um es sich dann einzuverleiben. Zu ihrem näheren Ziele wird also immer die Erlegung. Ereilen und Umstellen sind ihre wichtigsten Mittel. Sie hat es auf ein einzelnes, großes Tier abgesehen oder auf viele, die in Massenflucht vor ihr begriffen sind.

Die Beute ist immer in Bewegung, man jagt ihr nach. Auf die rasche Bewegung der Meute kommt es an, sie soll besser laufen als das Wild, um es zu ermüden. Wenn es um viele Tiere geht und es gelingt, sie zu umstellen, schlägt die Massenflucht der Beute in eine Panik um: Jedes der gejagten Tiere sucht dann auf eigene Faust aus dem Kreise seiner Feinde zu entkommen.

Die Jagd erstreckt sich über einen großen und wechselnden Raum. Im Falle der Jagd auf ein einzelnes Tier besteht die Meute, solange das Wild sich seiner Haut wehrt. Die Erregung steigert sich während der Jagd, sie äußert sich in Rufen von einem Jäger zum anderen, die den Blutdurst steigern.

Die Konzentration auf den einen Gegenstand, der immer in Bewegung ist, der den Blicken entschwindet, aber wieder auftaucht, den man oft verliert und wieder suchen muß, den man nie aus seiner tödlichen Absicht entläßt, den man unaufhörlich im Zustand tödlicher Angst erhält– diese Konzentration ist eine von allen zusammen. Jeder hat denselben Gegenstand im Auge, und jeder bewegt sich auf denselben Gegenstand zu. Der Abstand zwischen der Meute und ihrem Gegenstand, der sich allmählich verringert, verringert sich für jeden. Die Jagd hat einen gemeinsamen tödlichen Herzschlag. Er hält lange an, über wechselnden Boden, er wird heftiger, je näher man dem Tiere kommt. Wenn man es erreicht hat, wenn es zum Treffen kommt, hat jeder zum Töten Gelegenheit, und jeder versucht es. Auf ein Geschöpf können sich die Speere oder Pfeile aller konzentrieren. Sie sind die Fortsetzung der begehrlichen Blicke während der Jagd.

Denn jeder Zustand dieser Art hat sein natürliches Ende. So klar und scharf das Ziel ist, auf das man es abgesehen hatte, so scharf und plötzlich ist auch die Veränderung der Meute, wenn es erreicht ist. Die

Raserei läßt nach im Augenblick der Erlegung. Alle stehen um das gefallene Opfer herum, plötzlich still. Aus den Anwesenden bildet sich der Ring all derer, denen von der Beute etwas zukommt. Sie könnten wie Wölfe ihre Zähne in das Wild einschlagen. Doch die Einverleibung, die Wolfsmeuten schon am lebenden Leib beginnen, wird von den Menschen auf einen späteren Augenblick verlegt. Die Verteilung aber geschieht ohne Zwist und nach bestimmten Regeln.

Ob das Erlegte groß oder vielfach ist – wenn eine ganze Meute gejagt hat, ist die Verteilung der Beute unter ihren Mitgliedern unumgänglich. Der Prozeß, der nun beginnt, ist dem der Bildung der Meute genau entgegengesetzt. Jetzt will jeder etwas für sich, und er möchte gern soviel wie möglich. Wenn die Verteilung nicht genau geregelt wäre, und wenn es nicht etwas wie ein althergebrachtes Gesetz für sie gäbe und erfahrene Menschen, die über ihre Ausführung wachen, so müßte sie in Mord und Totschlag enden. Das Gesetz der Verteilung ist das älteste Gesetz. (I, 106 f.)

4.2.3 Hetzen und Töten

Die Hetzmasse bildet sich im Augenblick auf ein rasch erreichbares Ziel. Es ist ihr bekannt und genau bezeichnet, es ist auch nah. Sie ist aufs Töten aus, und sie weiß, wen sie töten will. Mit der Entschlossenheit ohnegleichen geht sie auf dieses Ziel los; es ist unmöglich, sie drum zu betrügen. Es genügt, dieses Ziel bekanntzugeben, es genügt zu verbreiten, wer umkommen soll, damit eine Masse sich bildet. Die Konzentration auf Töten ist eine besondere Art und an Intensität durch keine andere zu übertreffen. Jeder will daran teilhaben, jeder schlägt zu. Um seinen Schlag führen zu können, drängt sich jeder in die nächste Nähe des Opfers. Wenn er nicht treffen kann, will er sehen, wie es von den anderen getroffen wird. Alle Arme kommen wie aus ein und demselben Geschöpf. Doch die Arme, die treffen, haben mehr Wert und Gewicht. Das Ziel ist alles. Das Opfer ist das Ziel, doch es ist auch der Punkt der größten Dichte: es vereinigt die Handlungen aller in sich. Ziel und Dichte fallen zusammen.

Ein wichtiger Grund für das rapide Anwachsen der Hetzmasse ist die Gefahrlosigkeit des Unternehmens. Es ist gefahrlos, denn die Überlegenheit auf seiten der Masse ist enorm. Das Opfer kann ihnen nichts anhaben. Es flieht oder ist gefesselt. Es kann nicht zuschlagen, in seiner Wehrlosigkeit ist es nur noch Opfer. Es ist aber auch für seinen Untergang freigegeben worden. Es ist zu seinem Schicksal bestimmt, für seinen Tod hat niemand eine Sanktion zu befürchten. Der freigegebene Mord springt für alle Morde ein, die man sich versagen muß, für deren Ausführung man schwere Strafen zu befürchten hätte. Ein gefahrloser, erlaubter, empfohlener und mit vielen anderen geteilter Mord ist für den weitaus größten Teil der Menschen unwiderstehlich. Man muß dazu sagen, daß die Todesdrohung, unter der alle Menschen selber stehen und die in mancherlei Verkleidungen immer wirksam ist, auch wenn sie nicht kontinuierlich ins Auge gefaßt wird, eine Ablenkung des Todes auf andere zum Bedürfnis macht. Die Bildung von Hetzmassen kommt diesem Bedürfnis entgegen.

Es ist ein so leichtes Unternehmen und es spielt sich so rasch ab, daß man sich beeilen muß, um zurechtzukommen. Die Eile, Gehobenheit und Sicherheit einer solchen Masse hat etwas Unheimliches. Es ist die Erregung von Blinden, die am blindesten sind, wenn sie plötzlich zu sehen glauben. Die Masse geht auf Opfer und Hinrichtung zu, um den Tod all derer, aus denen sie besteht, plötzlich und wie für immer loszuwerden.

Unter den Todesarten, die von einer Horde oder von einem Volk gegen den einzelnen verhängt werden, kann man zwei Hauptformen unterscheiden: die eine ist die des Ausstoßens. Der einzelne wird ausgesetzt, wo er wehrlos wilden Tieren ausgeliefert ist oder wo er verhungert. Die Menschen, zu denen er früher gehört hat, haben nichts mehr mit ihm zu tun; sie dürfen ihn nicht beherbergen und ihm keine Nahrung reichen. Jede Gemeinschaft mit ihm verunreinigt sie und macht sie selber schuldig. Einsamkeit in ihrer rigorosesten Form ist hier die äußerste Strafe; die Trennung von der eigenen Gruppe eine Qual, die besonders in primitiven Verhältnissen nur ganz wenige zu überleben vermögen. Eine Abart dieser Isolierung ist die Auslieferung an die Feinde. Sie wird, wenn es sich um Männer handelt und sie ohne Kampf erfolgt, als besonders grausam und demütigend empfunden, wie ein zwiefacher Tod.

Die andere Form ist die des Zusammen-Tötens. Man führt den Verurteilten aufs Feld hinaus und steinigt ihn. Jeder hat am Töten teil; von den Steinen aller getroffen, bricht der Schuldige zusammen. Es ist niemand zum Hinrichter delegiert, die ganze Gemeinde tötet. Die Steine stehen für die Gemeinde, sie sind das Mal ihres Beschlusses und ihrer Tat. Auch wo das Steinigen außer Gebrauch gekommen ist, bleibt diese Neigung zum Zusammen-Töten bestehen. Der Feuertod läßt sich damit vergleichen: Das Feuer agiert für die Menge, die dem Verurteilten den Tod gewünscht hat. Auf allen Seiten wird das Opfer von den Flammen erreicht, von überall, möchte man sagen, wird es ergriffen und getötet. (I, 49 f.)

4.2.4 Die Wirkung der Maske

Die Maske unterscheidet sich durch ihre Starrheit von allen übrigen Endzuständen der Verwandlung. An die Stelle eines nie zur Ruhe kommenden, immer in Bewegung befindlichen Mienenspiels setzt sie das genaue Gegenteil davon, eine vollkommene Starre und Konstanz. Im Mienenspiel besonders drückt sich die unaufhörliche Verwandlungsbereitschaft des Menschen aus. Unter allen Umständen hat er das weitaus reichste Mienenspiel; er hat auch das reichste Verwandlungsleben. Es ist unfaßbar, was im Verlaufe einer einzigen Stunde über das Gesicht des Menschen geht. Wäre einem mehr Zeit gegeben, alle Regungen und Stimmungen, die über ein Gesicht gleiten, genauer zu betrachten; so würde man staunen über die unzähligen Ansätze zu Verwandlungen, die sich da erkennen und sondern ließen.

Die Sitte hat nicht überall dieselbe Einstellung zum freien Spiel des Gesichts. In manchen Zivilisationen wird die Freiheit des Gesichts weitgehend eingeschränkt. Es gilt als unstatthaft, Schmerz oder Freude sofort zu zeigen, man verschließt sie in sich, und das Gesicht bleibt ruhig. Der tiefere Grund für diese Einstellung ist die Forderung nach einer konstanten Autonomie des Menschen. Man erlaubt es niemand, in einen einzudringen, und man dringt auch selber nicht in einen andern ein. Der Mensch soll die Kraft haben, für sich zu sein; und der Mensch soll die Kraft haben, sich gleichzubleiben. Eines geht mit dem anderen Hand in Hand. Denn es ist die Einwirkung eines Menschen auf den anderen, die zu unaufhörlichen, flüchtigen Verwandlungen reizt. Diese drückt sich in Gestikulation und Mienenspiel aus; wo beides verpönt ist, wird jede Verwandlung erschwert, und schließlich wird sie so ganz unterbunden.

Ein wenig Erfahrung im starren Wesen solcher ‚stoischer' Unnaturen bringt einen bald dazu, den Sinn der Maske überhaupt zu erkennen: Sie ist ein Endzustand. Das fluide Treiben unklarer, halb ausgegorener Verwandlungen, deren wunderbarer Ausdruck jedes natürliche, menschliche Antlitz ist, mündet in die Maske; es endet in ihr. Sobald sie einmal das ist, zeigt sich nichts, was beginnt, nichts, was noch formlos unbewußter Ansatz ist. Die Maske ist klar, die drückt etwas ganz Bestimmtes aus, nicht mehr, nicht weniger. Die Maske ist starr: dieses Bestimmte ändert sich nicht.

Die Wirkung der Maske ist hauptsächlich eine nach außen.

Sie schafft eine Figur. Die Maske ist unantastbar und setzt eine Distanz zwischen den Beschauer und sich. Sie kann, in einem Tanze vielleicht, an den Beschauer näher herankommen. Aber dieser, von sich aus, muß bleiben, wo er ist. Die Starrheit der Form wird zur Starrheit auch der Distanz: daß sie sich gar nicht verändert, ist das Bannende an ihr.

Denn gleich hinter der Maske beginnt das Geheimnis. In den strengen, voll ausgebildeten Fällen, von denen hier die Rede ist, also dort, wo die Maske ernst genommen wird, darf man nicht wissen, was sich hinter ihr befindet. Sie drückt viel aus, aber sie verbirgt noch mehr. Sie ist eine Trennung: Mit einem gefährlichen Gehalt geladen, den man nicht kennen darf, zu dem eine Beziehung der Vertrautheit nicht möglich ist, kommt sie sehr nahe an einen heran; aber sie bleibt, in eben dieser Nähe, scharf von einem abgesondert. Sie droht mit ihrem Geheimnis, das sich hinter ihr staut. Da ein fließendes Ablesen wie von einem Gesicht von ihr nicht möglich ist, vermutet und fürchtet man Unbekanntes dahinter.

Die Maske ist also eben das, was sich nicht verwandelt, unverwechselbar und dauernd, ein Bleibendes im immer wechselnden Spiel der Verwandlung. Zu ihrer reinlichen Wirkung gehört es, daß sie alles hinter ihr Befindliche verbirgt. Ihre Vollkommenheit beruht darauf, daß sie ausschließlich da ist und alles, was hinter ihr ist, unerkennbar bleibt. Je deutlicher sie selber ist, um so dunkler ist alles dahinter. Niemand weiß, was hinter der Maske hervorbrechen könnte. Die Spannung zwischen der Starrheit der Erscheinung und dem Geheimnis dahinter kann ein ungeheueres Ausmaß erreichen. Sie ist der eigentliche Grund für das Bedrohliche der Maske. „Ich bin genau, was du siehst", sagt die Maske, „und alles, was du fürchtest, dahinter." Sie fasziniert, und zugleich erzwingt sie einen Abstand. Niemand wagt es, sich an ihr zu vergreifen. Auf ihr Herunterreißen durch einen anderen ist die Todesstrafe gesetzt. Sie ist – während der Dauer ihrer Aktivität – unberührbar, unverletzbar, heilig. Das Gewisse der Maske, ihre Deutlichkeit, ist von Ungewissem geladen. Ihre Macht beruht darauf, daß man sie genau kennt, ohne je wissen zu können, was sie enthält. Man kennt sie von außen, sozusagen nur von vorn.

Doch wenn die Maske während gewisser Zeremonien sich genau so verhält, wie man es von ihr gewohnt ist und erwartet, kann sie auch beruhigend wirken. Denn sie steht zwischen dem Gefährlichen, das hinter ihr ist, und dem Beschauer. So kann sie, wenn sie richtig gehandhabt wird, das Gefährliche für diesen bannen. Sie kann das Gefährliche in sich sammeln und gesammelt halten. Sie wird es nur so von sich ausfließen lassen, wie es ihrer Gestalt entspricht. Man kann sich richtig zu ihr benehmen, sobald man ein Verhältnis zu ihr hat. Sie ist eine Figur mit eigenen Verhaltensweisen. Sobald man diese erlernt hat und kennt, sobald man weiß, welchen Abstand sie von einem erfordert, schützt sie einen vor dem Gefährlichen, das sie selbst enthält. (II, 112 f.)

4.2.5 Der Pfeil als Waffe

Der Pfeil ist feindlich, er soll töten. Er durchmißt gradlinig eine große Entfernung. Man soll ihm ausweichen. Wem das nicht gelingt, in dem bleibt er stecken. Er kann herausgezogen werden, aber selbst wenn er nicht abbricht, eine Wunde bleibt zurück. Es gibt manche Erzählungen über Pfeilwunden in der ‚Geheimen Geschichte der Mongolen". Die Zahl der Pfeile, die sich abschießen läßt, ist unbegrenzt; der Pfeil ist die Hauptwaffe der Mongolen. Sie töten auf Entfernung; aber sie töten auch in Bewegung, von den Rücken ihrer Pferde her.

Es ist bemerkt worden, daß jedem Befehl von seinem biologischen Ursprung her der Charakter eines Todesurteils anhaftet. Was nicht flieht, wird ereilt. Was ereilt wird, wird zerrissen.

Bei den Mongolen hat der Befehl den Charakter des Todesurteils noch in höchstem Maße behalten. Sie schlachten Menschen wie Tiere. Töten ist ihre dritte Natur, so wie Reiten die zweite.

Ihre Schlächtereien von Menschen gleichen aufs Haar ihren Treibjagden, den Schlächtereien von Tieren. Wenn sie nicht Krieg führen, jagen sie, ihre Manöver sind Jagden. Es muß höchst erstaunlich für sie gewesen sein, bei ihren weitläufigen Eroberungszügen auf Buddhisten und auf Christen zu stoßen, deren Priester vom besonderen Wert jeglichen Lebens zu ihnen sprachen. Einen größeren Kontrast hat es wohl nie gegeben: die Meister des nackten Befehls, die diesen instinktiv verkörpern, geraten an jene, die ihn durch ihren Glauben so abschwächen oder abwandeln wollen, daß er seine Tödlichkeit verliert und human wird. (II, 47 f.)

(Was hier von der Wirkung der Pfeile gesagt wird, kann ebenso auf die Wirkung der Speere bezogen werden, die von Jacks Jägern in Goldings Roman „Herr der Fliegen" zur Bekämpfung und Tötung der Wildschweine sowie der eigenen Kameraden benutzt und gezielt geworfen werden. Auch bei Golding gleichen die Schlächtereien von Menschen aufs Haar den Treibjagden und Schlächtereien von Tieren. Auch dort tritt der „Meister des nackten Befehls" (Jack) einem Kontrahenten (Ralph) entgegen, der an den „Wert des Lebens" glaubt und diesen erhalten und retten will.)

5. STIMMEN DER KRITIK [24]

Aus den vielen klugen Kommentaren zu **William Goldings** Roman haben wir ausschnitthaft solche ausgewählt, die zu ganz unterschiedlichen Aspekten Stellung nehmen (z. B. zur Sprache, zur Philosophie des Autors). Mit dieser Zusammenstellung ist keinerlei Abwertung anderer, hier nicht erfaßter Stellungnahmen gemeint.

***

(1) Die besonderen Akzente in **Goldings** Roman liegen für **Green** in den hohen moralischen Ansprüchen und der mehrschichtig-symbolhaltigen Darstellung des Themas.

But behind this main narrative structure, as always in Goldings work, we find more universal moral implications. What Ralph weeps for, on the last page, is the end of innocence, the darkness of mans heart. Piggy is more than a fat, asthmatic, coddled, myopic, stubbornly sensible Cockney: he is the voice of sanity personified, a Promethean symbol. It is his thick-lensed spectacles which are used to light the vital signal-fire, and are later stolen by the hunters. He will have no truck with the group-consciousness, but remains embarrassingly individual; and because of this he is killed. Seen in this sense, the book reveals a terrifying micrcosm of political totalitarianism. The experiment acquires unexepected relevance to the whole human condition.

---

24 (1) **P. Green** in: **N. Page,** S. 82–83
(2) **N. Page,** S. 102
(3) **J. Peter,** in: **N. Page,** S. 36–37
(4) **V. S. Pritchett** in: **N. Page,** S. 49
(5) **G. Watson,** S. 81
(6) **D. Wickenden** in: **F. Jackson,** S. 59
(7) **W. Young** in: **F. Jackson,** S. 68
Die Unterstreichungen sind nicht im Original.

With Simon we are at a deeper level still. Simon–we have Goldings own word for it–is a saint, mystic and clairvoyant. It is Simon, and Simon alone, who sees the others fear and superstition for what they are. This point is made by the use of two very explicit symbols: the Beast, and the Lord of the Flies himself.

The Beast, to begin with, is nothing more than a focal point for the boys vague, inarticulate, archaic fears. What I mean is, stammers Simon (and is shouted down for his pains), maybe its only us: he is, as Golding puts it, inarticulate in his effort to express mankinds essential illness. Later the Beast is given a spurious reality: the corpse of an airman, still harnessed to its parachute, drifts down from some aerial battle on to the beacon hill at the top of the island. Two childeren see it in the dark, and instantly the myth of terror is established. But Simon, again, is incredulous: however Simon thought of the beast, there rose before his inward sight the picture of a human at once heroic and sick.

(2) **Page** ist es unwichtig, woher der Autor seine Vorideen genommen hat. Bestechend allein ist für den Leser die ideenreiche Art, wie **Golding** mit ihnen umgegangen ist.

Often he makes no secret of his sources: Coral Island is explicitly referred to on the last page of Lord of the Flies, and the epigraph of The Inheritors is a quotation from H.G.Wells Outline of History. He is particularly fond allusive titles–Lord of the Flies and Darkness Visible, for instance–that challenge the reader to identify, and then to consider the relevance of, their origins. At other times the parallels may be less openly acknowledged, and may even have been unconscious. But the term parallels, in spite of its air of geometrical precision, is a kind of relationship, positiv or negative, that permeates an entire book. In the comments on individual novels that follow, examples of all of these levels of influence will be encountered. Whatever terminology we use, however–'debts', 'borrowings', 'parallels', 'influences' or 'sources'–it is important to recognise that what Golding is doing is to make a creative use of a great variety of sources. He does not take it for granted that our admiration for the original, and our pleasure in being reminded of it, will gain him a bonus, as Matthew Arnold does when he imitates the classical epic simile in Sohrab and Rustum; nor is the spotting of the source indispensable to a grasping of the writers point, as it is in Jane Austens satire on the Gothic novel in Northanger Abbey, or Byrons send-up of Southey in The Vision of Judgment.

(3) Kein Zweifel für **John Peter** besteht daran, daß **Golding** das Böse als in dem Menschen allgemein verwurzelt sieht, das sich sofort überall dort einstellt, wo die Bedingungen seine Entfaltung zulassen. Das „Böse" ist dann auch das Hauptthema des Romans.

It is obvious that the conclusion of Lord of the Flies is not a concession to readers who require a happy ending-only an idiot will suppose that the book ends happily–but a deliberate device by which to throw the story into focus. With the appearance of the naval officer the bloodthirsty hunters are instantly to a group of painted urchins, led by a little boy who wore the remains of an extraordinary black cap, yet the reducation cannot expunge the knowledge of what they have done and meant to do. The abrupt return to childhood, to insignificance, underscores the argument of the narrative: that Evil is inherent in the human mind itself, whatever innocence may cloak it, ready to put forth its strength as soon as the occasion is propitious. This is Goldings theme, and it takes on a frightful force by being presented in juvenile terms, in a setting that is twice deliberatly likened to the sunny Coral Island of R. M. Ballantyne. The boys society represents, in embryo, the society of the adult world, their impulses and convictions are those of adults incisively abridged, and the whole narrative is a powerfully ironic commentary on the nature of Man, an accusation levelled at us all.

(4) **V. S. Prichett** schätzt an **Goldings** Roman die Klarheit und Schnörkellosigkeit, mit der die Erwachsenenwelt durch die Kinderwelt bloßgestellt wird. Das hat Stil, das hat Geist, das hat Witz.

In Lord of the Flies we understand that the children are not cut-off; anthropology, the science of how people live together, not separatly, reflects the concern of the modern world which has seen its communities destroyed. The children in Lord of the Flies simply reenact the adult, communal drama and by their easy access to the primitive, show how adult communities can break up. Of course, Mr. Goldings improbable romances remain improbable; they are narrow and possible. The modern romancer has the uncluttered chance of going straight to the alienation of the individual and to the personal solitude that is one of the forgotten subjects. In our world, which is so closely organized, we are hardly aware of what we are privately up to. We use large words like calamity, disaster, racial suicide, devastation; they are meaningless to us until an artist appears who is gifted enough to identify himself with a precise body being washed up against a precise collection of rocks, a precise being sniffing the night air for his enemy or feeling the full force of a particular blow. Until then, we are muffled in our alibi: the imagination cannot grasp.

Lord of the Flies is the most accomplished of Mr. Goldings novels. Its portraits of the shipwrecked boys and its understanding of them are touching and delightful and he is master of a rich range of scene and action. In his book his spirit and his serenity are classical.

(5) Wie beiläufig weist **Watson** auf die (naheliegende) politische Aussage hin, die in **Goldings** Roman liegt. Freilich betont er, daß **Golding** kein politischer Autor im vordergründig-aktuellen Sinne sei.

The political aspects of the new fiction are hardly easier to generalise. Wiliam Golding, the oldest of the new novelists, has told how his first novel emerged from reflecting, as so many in the 1940er reflected, how readily Hitler and his National Socialists had revived barbarism in our times, and in a modern and advanced industrial state. The thought was (and is) unnerving, and it illustrates how close realism sits to radical analysis, how misplaced the critical stricture that it is merely cosy. Lord of the Flies is a novel about English schoolboys marooned on a desert island–a Defoe-like subject, though unlike Crusoe it uses the third person–but reversing Defoe, it tells of their rapid descent into savagery, totem-workship and the childish joys of torture and terror. There is a Nazi in everyone, so schoolmaster Golding suggests, and there since childhood; and civilisation is no more than the thinnest of thin veneers, as Hitler showed, masking a base, innate craving to rule and be ruled. The point is unrelenting and sharp. And yet Golding is nothing like a political novelist in terms of British domestic politics, and his views about political parties, whatever they are, are not publicly a part of his fiction.

(6) Die starke Erzählkraft und die von **Golding** verwendeten Mittel der dramatischen Akzentuierung werden von **Wickenden** in den Mittelpunkt der kritischen Wertschätzung gerückt.

For Lord of the Flies is of course an oblique commentary on mankinds recurrently frustrated attempts to build a rational society. Unlike many novels of symbolic import, however, it is above all else an exciting and ultimately powerful narrative. The boys themselves are altogether convincing; the style is vivid and crystalline; the sense of mounting terror is brilliantly conveyed.

(7) Für **Young** schließlich ist der Roman ein Stück zeitlosester und schönster westlicher Literatur überhaupt, namentlich in den Momenten der Schilderung von Angst und blutigen Opfern. – Deprimierend bleibt allerdings die Darstellung einer im Kriege ausgelöschten Menschheit.

The timeless story of fear, the tidings, and the blood sacrifice, is handled with a success as resounding, as complete, and as profoundly beautiful as anything in Western literature. This is a subjective judgment, of course, but I am measuring my words. The rest of the story is pessimistic, and deals with the extinction of civilization in war. The final chase in which the average bright citizen, the enfant moyen sensuel who was the leader of the ordinary people, is abandoned by his last adherents and pursued through burning undergrowth by the painted hunters going on all fours, is a ghastly tour de force.

6. LITERATUR (– AUSWAHL –)

Golding, William,Herr der Fliegen. Frankfurt 1990 (763.-792 Tsd.)

***

Calandra, D. M., William Golding. Lord of the Flies. Lincoln 1990 (Cliff Notes)

Dewsnap, T., William Golding. Lord of the Flies. New York 1964 (Monarch Notes)

Jackson, F., Lord of the Flies. Notes. Toronto 1976

Hamcombe, G., William Golding. Lord of the Flies. Harmondsworth 1986 (Penguin Passnotes).

Meitcke, W.,William Golding. Lord of the Flies. Stuttgart 1987 (KLETT-Lektürehilfen)

Neis, E., William Golding. Herr der Fliegen (Lord of the Flies). Hollfeld 1980 (Königs Erläuterungen und Materialien)

Niven, A., William Golding. Lord of the Flies. Hongkong 1980 (York Notes)

Poppe, R., William Golding. Herr der Fliegen – Michael Ballantyne. Die Koralleninsel. Interpretationen und Anmerkungen. Analysen & Reflexionen. Hollfeld 1993 (Beyer).

Smolka, D., William Golding. Lord of the Flies. Frankfurt/M. ^{2}1994 (Diesterwegs Neusprachliche Bibliothek)

Wilson, R., Lord of the Flies. Basingstoke – London 1986 (Macmillan Master Guide)

***

Borinsiki, L., Meister des englischen Romans. Heidelberg 1963

Drescher, H. W. (Hg.), Englische Literatur der Gegenwart in Einzeldarstellungen. Stuttgart 1970

Friedmann, A., The Turn of the Noval. The Transition to Modern Fiction. Oxford 1970

Karrer, W./ Kreuzer, E., Daten der englischen und amerikanischen Literatur von 1890 bis zur Gegenwart. München 1973 u. ö.

Kindlers, Literaturlexikon. 12 Bände. Zürich 1970 ff.

Oppel, H., Der moderne englische Roman. Berlin 1965

Sommers, M., The Gothic Quest. History of the Gothic Novel. London 1968

Sühnel, R./ Riesner, D., Englische Dichter der Moderne. Berlin 1971. Darin: Hindmarsh, R. William Golding, S. 550 f.

Turner, P., English Literature 1832–1890. (Excluding the Novel). Oxford 1989

Watson, G., British Literature Since 1945. London 1991

***

Babb, H. S., The Novels of William Golding. Ohio 1970

Baker, J. R., William Golding: A Critical Study. New York 1965

Bohrer, K.-H., Der Lauf des Freitag. München 1973

Briggs, J. (Hg.), W. Goldings Later Novels. Oxford 1985

Boyd, St. J., The Novels of William Golding. New York – London – Toronto – Sydney – Tokio – Singapure 1990 (2. Auflage)

Carey, J. (Hg.), William Golding. The Man and His Books. London – Boston 1986

Cox, C. B., Lord of the Flies. In: The Critical Quaterly.

Dick, B. F., William Golding. Boston 1967

Esch, A., W. G.s Lord of the Flies. In: **H. Oppel,** S. 328–343

Gindin, J., William Golding. London 1988

Haynes, S., William Golding. New York 1964

Johnston, A., Of Earth and Darkness: The Novels of William Golding. London 1980

Kinkead-Weeks, M./ Gregor, I., William Golding: A Critical Study. New York 1968

Michel-Michot, P. Der Mythos der Unschuld in Golding's Lord of the Flies. In: **W. Erzgräber** (Hg.) Englische Literatur von Wilde bis Beckett. Frankfurt 1970, S. 316–328

Moody, Ph., A Critical Commentary on William Golding's Lord of the Flies. London 1966

Oldsey, B./Weintraub, S., The Art of William Golding. New York 1965

Page, N. (Hg.), William Golding: Novels 1954–1967. A Selection of Literary Criticism. London 1985

Pemberton, C., William Golding. Writers at Their Work. London 1969

Reilly, P., Lord of the Flies. Fathers and Sons. New York – Ontario 1992

Turck, S., An Interpretation of William Golding's Lord of the Flies. Frankfurt 1968

***

Bernsdorf, W. (Hg.), Wörterbuch der Soziologie. Band 3. Frankfurt 1975

Biesterfeld, W., Literarische Utopie. Stuttgart 1974

Canetti, E., Masse und Macht. München 1960

Gerber, R., Utopian Fantasy: A Study of English Utopian Fiction Since the End of the 19th Century. London 1955

Heinisch, K. J., Der utopische Staat. Hamburg 1978 (12. Auflage)

Howe, I., History as Nightmare. London 1961

Lorenz, K., Das sogenannte Böse. Zur Naturgeschichte der Aggression. Wien 1963

Modelmoog, I., Die andere Zukunft. Düsseldorf 1970

Seeber, H. U., Wandlungen in der Form der literarischen Utopie. Studien zur Entfaltung des utopischen Romans in England. Göppingen 1970

Swoboda, H., Utopia. Geschichte der Sehnsucht nach einer besseren Welt. Wien 1972

Widmer, U., Das Normale und die Sehnsucht. Zürich 1972

***

Barmeyer, E., Science Fiction. Theorie und Geschichte. München 1972

Freese, P./ Hermes, J. (Hg.), Der Roman im Englischunterricht der Sekundarstufe II. Theorie und Praxis. Paderborn 1972

Gutsch, J., Literarische Systeme für den Möglichkeitssinn. In: Diskussion Deutsch. Frankfurt 1971 (Heft 6), S. 335–350

Hussong, M. u.a., Textanalyse optisch. Düsseldorf 1971 u. ö.

Jansen, J., Einführung in literaturwissenschaftliche Arbeitstechniken und Methoden. Düsseldorf 1977 u. ö.

Melzer, H., Trivialliteratur und Geschichte. In: Praxis Deutsch (Heft 39), Seelze 1980, S. 8–17

Skorna, H.-J., Zur didaktischen Erschließung politischer Dichtung. Bochum 1972

Skorna, H. J., Zur Problemlage und Praxis des Literaturunterrichts. Bad Heilbrunn 1978

Stocker, K., Praxis des Literaturunterrichts im Gymnasium. Voraussetzungen – Motivationen – Möglichkeiten – Transfer. Freiburg 1979

ABC Deutsch

Die Reihe mit dem Guggi

Das Konzept der Reihe:

Die Regelbücher:
Die Inhaltsverzeichnisse sind sehr übersichtlich und klar gegliedert. Beschränkung auf das Wesentliche und Wichtige. Verständlichkeit durch Verwendung nicht nur lateinischer, sondern auch deutscher Begriffe (z.B. Hauptwort, Wie-Wort, Tu-Wort), daher (fast) ohne Vorwissen begreifbar. Systematische und verständliche Darstellung der Regeln durch einfache Sprache und klare Gliederung der einzelnen Kapitel in: “Regel (bzw. Definition)”, “Beispiele und Erläuterungen”, “Hinweise”. Bei besonderen Schwierigkeiten Wortlisten zum Einprägen. Bilderrätsel zur Auflockerung und Überprüfung des Wissens (mit Auflösungen im Anhang). Tabellen für den Überblick. Leerseiten für Notizen. Ausführliches Register.

Die Übungsbücher:
Die Übungsbücher sind nach Sachgebieten gegliedert und so aufgebaut, daß Selbstlerner dank eines entsprechenden Buchumschlags die Lösungen abdecken und sich nach Beantwortung der Fragen selbst überprüfen können. Da auf der jeweils linken Buchseite die Fragen noch einmal - natürlich mit Antworten - abgedruckt sind, können Lehrer, Nachhilfelehrer und natürlich auch Eltern das Wissen (ohne selber den Stoff beherrschen zu müssen!) problemlos abfragen. Kurzum: Die Übungsbücher sind für Selbstlerner geschrieben, ideal aber auch für Lehrer und Eltern zum Abfragen!

Der Aufbau der Reihe:

ABC DEUTSCH: GRAMMATIK

Band 1: Regeln - Beispiele - Erläuterungen
124 Seiten - DIN A5 **Best.-Nr. 0491-X**

Band 2: Übungen mit Lösungen zur deutschen Grammatik.
120 Seiten - DIN A4 **Best.-Nr. 0492-8**

Übungen mit Lösungen als Computerspiel auf 3,5' Diskette (Win 3.11 und Win 95)
Best. Nr. 0497-9

Nach der neuen Rechtschreibregelung!!!
ABC DEUTSCH: RECHTSCHREIBUNG

Band 1: Regeln - Beispiele - Erläuterungen
DIN A5 **Best.-Nr. 0493-6**

Band 2: Übungen mit Lösungen zur Rechtschreibung.
DIN A4 **Best.-Nr. 0494-4**

ABC DEUTSCH: ZEICHENSETZUNG

Band 1: Regeln - Beispiele - Erläuterungen
116 Seiten - DIN A5 **Best.-Nr. 0495-2**

Band 2: Übungen mit Lösungen zur Zeichensetzung.
164 Seiten - DIN A4 **Best.-Nr. 0496-0**

Übungen mit Lösungen als Computerspiel auf 3,5' Diskette (Win 3.11 und Win 95)
Best. Nr. 0497-9